Medizinische Fachangestellte (MFA)

Prüfungswissen

Schnell & Einfach

Sicher durch die
Ärztekammer-Abschlussprüfung

DANIELA HARTWIG

Inhaltsverzeichnis

Einleitung

Herzlich willkommen zu deinem Begleiter für die Prüfungsvorbereitung als Medizinische Fachangestellte! Dieses Buch soll dir helfen, dein Fachwissen zu vertiefen und zu festigen.

Aufbau des Buches

Im Buch findest du 1500 Aussagen, die entweder richtig oder falsch sind. Die Aussagen beziehen sich direkt auf Schlüsselbegriffe und Fakten, die im Praxisalltag und in Prüfungen relevant sind. Die einfache Struktur erleichtert es dir, schnell verschiedene Aspekte des Prüfungswissens abzudecken. Da die Aussagen entweder mit „Richtig" oder „Falsch" beantwortet werden, erhältst du sofort Rückmeldung darüber, ob du den Stoff verstanden bzw. noch Unsicherheiten hast. Am Ende des Buches findest du den Antwortschlüssel.

Abdeckung der wichtigsten Prüfungsthemen

Das Buch behandelt die zentralen Themen, die in der Prüfung von Bedeutung sind, wie Patientenbetreuung und -kommunikation, Praxisorganisation, Abrechnung, medizinische Terminologie, Hygiene und Infektionsschutz, Erste Hilfe, Labordiagnostik, sowie rechtliche und ethische Grundlagen der Medizin.

Es ist wichtig zu betonen, dass die Aussagen in diesem Buch zwar die Kernthemen abdecken, aber nicht identisch mit den Fragen in der eigentlichen Prüfung sind. Das Buch dient als Instrument zur Selbstkontrolle, das dir hilft, Bereiche zu identifizieren, in denen du noch Vertiefungsbedarf hast.

Optimale Nutzung des Buches

Es wird empfohlen, die Aussagen auf einem separaten Blatt Papier oder in einem Notizbuch zu beantworten. So kannst du das Buch später erneut nutzen und einzelne Aussagen wiederholen, ohne durch bereits markierte Antworten abgelenkt zu werden.

Wenn du eine Aussage falsch beantwortest, nimm dir die Zeit, das entsprechende Thema zu wiederholen. Gehe zurück zu den Grundlagen und lies ergänzendes Material, um dein Verständnis zu vertiefen. Beachte, dass in diesem Buch keine Erklärungen angegeben sind. Dies soll dich ermutigen, selbst zu recherchieren, warum eine Aussage richtig bzw. falsch ist.

Ein Schlüsselfaktor bei der Prüfungsvorbereitung ist die regelmäßige Wiederholung des Lernstoffs. Dieses Buch bietet dir die perfekte Gelegenheit, kontinuierlich zu üben und dein Wissen regelmäßig zu überprüfen.

Mit diesem Buch hast du ein wertvolles Werkzeug für deine erfolgreiche Prüfungsvorbereitung als Medizinische Fachangestellte in der Hand. Nutze es regelmäßig, beantworte die Aussagen auf separatem Papier und lass dich von falschen Antworten nicht entmutigen. Jede falsch beantwortete Aussage ist eine Chance, zu lernen und dich zu verbessern.

Viel Erfolg bei deiner Prüfungsvorbereitung!

Richtig Oder Falsch?

Medizinisches Basiswissen

In diesem Kapitel geht es um die elementaren Grundlagen der Medizin. Du testest dein Wissen zur Zelllehre (Zytologie), Gewebelehre (Histologie) und zur allgemeinen Krankheitslehre. Die Aussagen behandeln den Aufbau von Zellen, verschiedene Gewebearten, Grundprinzipien von Krankheiten wie Entzündungen, Tumore und Verletzungen sowie diagnostische Verfahren wie den Ganzkörperstatus.

Richtig oder falsch?

1) Die Zelle ist die kleinste Funktionseinheit des Körpers.

2) Der Mensch hat in jeder Körperzelle 46 Chromosomenpaare.

3) Das Zytosol ist ein Bestandteil der Zelle.

4) Die Mitose besteht aus fünf Phasen.

5) Bei der Meiose entstehen Keimzellen mit 23 einzelnen Chromosomen.

6) Eine Mutation ist eine Veränderung im Erbmaterial.

7) Die Mitochondrien befinden sich nur im Zellkern.

8) Der Zellkern enthält das Kernkörperchen Nukleolus.

9) Ein Gen ist ein DNA-Abschnitt für ein Eiweiß.

10) Bei der Befruchtung vereinigen sich die Chromosomen aus Eizelle und Spermien zu 23 Paaren.

11) Das Genom ist die Gesamtheit des Erbmaterials.

12) Die Interphase ist die Funktionsphase der Mitose.

13) Man unterscheidet vier Hauptgewebearten.

14) Epithelgewebe ist für die Bewegung zuständig.

15) Zylinderepithel mit Flimmerhärchen findet man in den Bronchien.

16) Alle Muskelgewebe sind willkürlich steuerbar.

17) Übergangsepithel hat dehnbare Zellen und kommt in der Harnblase vor.

18) Endokrine Drüsen haben einen Ausführungsgang.

19) Knorpel gehört zum Binde- und Stützgewebe.

20) Herzmuskulatur ist unwillkürlich und schnell kontrahierend.

21) Mehrschichtiges verhorntes Plattenepithel findet man in der Haut.

22) Afferente Nerven leiten Signale zum Gehirn hin.

23) Glatte Muskulatur kontrahiert willkürlich und schnell.

24) Exokrine Drüsen haben Ausführungsgänge.

25) Die fünf Kardinalzeichen einer Entzündung sind: Rötung, Überwärmung, Schwellung, Schmerz und Funktionseinschränkung.

26) Gutartige Tumore bilden immer Metastasen.

27) Die Namensgebung von Entzündungen erfolgt meist durch Körperteil + Endung -itis.

28) Gonarthrose ist eine Arthrose des Hüftgelenks.

29) Bakterielle Infektionen werden mit Antibiotika behandelt.

30) Trümmerfrakturen haben mehr als drei Knochenfragmente.

31) Bösartige Tumore infiltrieren in das Umgebungsgewebe.

32) Coxarthrose ist eine Arthrose des Hüftgelenks.

33) Virostatika werden zur Behandlung von Virusinfektionen eingesetzt.

34) Offene Frakturen haben eine äußere Verletzung.

35) Sepsis ist ein Beispiel für eine lokale Entzündung.

36) Omarthrose ist eine Arthrose der Schulter.

37) Gutartige Tumore wachsen langsam und sind abgrenzbar.

38) Die Tumornamensgebung erfolgt meist durch Ursprungsgewebe + Endung -om.

39) Die Inspektion umfasst die Betrachtung von Augen, Mund, Haut und Intimbereich.

40) Bei der Palpation werden Abdomen, Knöchel und Lymphknoten abgetastet.

41) Zur Auskultation gehört das Abhorchen von Herz und Lunge.

42) Ein Reflexhammer gehört zum benötigten Material.

43) Für die Abrechnung müssen alle Körpersysteme beim Ganzkörperstatus untersucht werden.

44) Der Ganzkörperstatus ist nur für Allgemeinmediziner abrechnungsfähig.

45) Puls- und Blutdruckmessung gehören häufig zum Ganzkörperstatus.

46) Ein Stethoskop wird für die Auskultation benötigt.

Muskel- und Skelettsystem

Hier prüfst du dein Wissen über den menschlichen Bewegungsapparat. Die Aussagen umfassen den Aufbau von Knochen, Gelenken, Muskeln und Sehnen sowie häufige Erkrankungen wie Bandscheibenvorfall, Osteoporose und Frakturen. Diagnostische Verfahren wie Röntgen, MRT und physiotherapeutische Anwendungen sind ebenso Thema wie Abrechnungshinweise für verschiedene Kostenträger.

Richtig oder falsch?

47) Der Schädel besteht aus Gesichts- und Gehirnschädel.

48) Die Wirbelsäule hat eine doppelte S-Form mit Lordose und Kyphose.

49) Skoliose ist eine normale Biegung der Wirbelsäule nach vorn.

50) Der Brustkorb besteht aus zehn Rippenpaaren.

51) Die Speiche (Radius) liegt auf der Daumenseite des Unterarms.

52) Das Wadenbein (Fibula) ist dicker als das Schienbein (Tibia).

53) Der Schultergürtel verbindet den Brustkorb mit den Armen.

54) Die Wirbelsäule besteht aus Hals-, Brust-, Lendenwirbelsäule, Kreuz- und Steißbein.

55) Das Schlüsselbein heißt auf Lateinisch Clavicula.

56) Das Schulterblatt wird als Scapula bezeichnet.

57) Der Brustkorb hat zwölf Rippenpaare.

58) Das Brustbein wird Sternum genannt.

59) Der Beckengürtel besteht aus rechtem und linkem Hüftbein sowie dem Kreuzbein.

60) Der Oberarmknochen heißt Humerus.

61) Die Elle liegt auf der Daumenseite des Unterarms.

62) Der Oberschenkelknochen ist der Femur.

63) Der Brustkorb umgibt Herz und Lunge.

64) Die Rippen sind gelenkig an der Wirbelsäule verbunden.

65) Gelenke sind Verbindungsstellen zwischen Knochen und ermöglichen Beweglichkeit.

66) Der Gelenkspalt ist mit Gelenkschmiere (Synovia) gefüllt.

67) Ein Kugelgelenk hat zwei Bewegungsachsen.

68) Das Daumenwurzelgelenk ist ein Sattelgelenk.

69) Sehnen verbinden Knochen mit Knochen.

70) Die Achillessehne befindet sich an der Ferse.

71) Bänder sind Verbindungsgewebe von zwei oder mehr Knochen untereinander.

72) Gelenkpfanne und Gelenkkopf sind mit Knorpel überzogen.

73) Das Handgelenk ist ein Eigelenk mit zwei Bewegungsachsen.

74) Schulter- und Hüftgelenk sind Kugelgelenke mit drei Bewegungsachsen.

75) Ein Rad- oder Zapfgelenk hat eine Bewegungsachse.

76) Sehnen verbinden Muskeln mit Knochen.

77) Die Gelenkkapsel umhüllt Gelenkpfanne und Gelenkkopf.

78) Beim Bandscheibenvorfall drückt der knorpelige Kern der Bandscheibe auf Nerven.

79) Osteoporose betrifft Männer häufiger als Frauen.

80) Die 3R-Regel steht für Reposition - Retention - Rehabilitation.

81) Krepitation ist ein sicheres Frakturzeichen.

82) Osteoporose wird hauptsächlich durch CT diagnostiziert.

83) Parästhesien sind Symptome eines Bandscheibenvorfalls.

84) CT und Kernspin werden zur Diagnose eines Bandscheibenvorfalls eingesetzt.

85) Osteoporose führt zu Knochenabbau mit Brüchigkeit.

86) DXA-Röntgen ist ein IGeL-Angebot zur Osteoporose-Diagnose.

87) Abnorme Beweglichkeit ist ein sicheres Frakturzeichen.

88) Stufenbildungen in der Knochenkontur sind sichere Frakturzeichen.

89) Osteosynthese ist eine chirurgische Behandlungsmethode bei Frakturen.

90) Frauen sind zehnmal häufiger von Osteoporose betroffen als Männer.

91) Sichtbare Knochenfragmente sind sichere Frakturzeichen.

92) Röntgenstrahlen sind kurzwellig, energiereich und nicht sichtbar.

93) Dichtes Körpergewebe wie Knochen lässt Röntgenstrahlen durch und wird schwarz dargestellt.

94) Heute werden hauptsächlich digitale Bilder verwendet.

95) Kontrastmittel bergen das Risiko allergischer Reaktionen bis hin zum anaphylaktischen Schock.

96) Die Computertomografie (CT) nutzt Röntgenstrahlung.

97) MRT und PET nutzen beide Röntgenstrahlung.

98) PET ist ein nuklearmedizinisches Verfahren.

99) Angiografie ist eine Form des Kontraströntgens.

100) Die Kernspintomografie wird auch NMR oder MRT genannt.

101) Elektrotherapie darf bei Schwangeren angewendet werden.

102) Iontophorese transportiert Medikamente mithilfe von Gleichstrom durch die Haut.

Wundbehandlung und -pflege

Dieses Kapitel behandelt die professionelle Wundversorgung in der Arztpraxis. Du testest dein Wissen zu primär- und sekundärheilenden Wunden, verschiedenen Anästhesieverfahren, Verbandstechniken und der sterilen Instrumentenaufbereitung. Besonderer Fokus liegt auf hygienischem Arbeiten, Abrechnungsmodalitäten nach EBM und GOÄ sowie dem sachgerechten Umgang mit Wundmaterialien.

Richtig oder falsch?

103) Primärheilende Wunden sind nicht verunreinigte, frische Wunden.

104) Bei primärheilenden Wunden besteht eine hohe Infektionsgefahr.

105) Beispiele für primärheilende Wunden sind OP-, Schnitt- oder Platzwunden.

106) Zur primären Wundversorgung gehört eine Lokalanästhesie.

107) Ein steriles Nahtset enthält Handschuhe, Kompressen und Tupfer.

108) Nahtentfernung im Gesicht erfolgt nach zehn Tagen.

109) Für die Nahtentfernung werden keimarme Handschuhe benötigt.

110) Bei primärheilenden Wunden wachsen die Wundränder zusammen.

111) Nahtentfernung erfolgt im Gesicht nach vier bis sechs Tagen.

112) Sekundärheilende Wunden haben unregelmäßige Wundränder und sind oft verunreinigt.

113) Chronische Wunden zeigen nach 4-12 Wochen keine Heilungstendenz.

114) Stichwunden sind immer oberflächlich und harmlos.

115) Die Wundheilungsphasen sind: Entzündungsphase - Granulationsphase - Epitheliasierungsphase.

116) Quetschwunden können zur Bildung von Wundtaschen führen.

117) Infizierte und aseptische Wunden können gemeinsam behandelt werden.

118) Zu den Komplikationen gehören Nekrose, Hämatom und Narbenbildungsstörungen.

119) Sekundärheilende Wunden heilen durch Gewebsneubildung.

120) Bei Stichwunden muss die Stichkanaltiefe überprüft werden.

121) Die inflammatorische Phase ist die erste Wundheilungsphase.

122) Vollnarkose ist eine künstliche Bewusstlosigkeit mit Beatmung.

123) Vollnarkose wird bei größeren Eingriffen angewendet.

124) Oberflächenanästhesie kann mit Kältespray durchgeführt werden.

125) Infiltrationsanästhesie wird beispielsweise bei Naevusexzision verwendet.

126) Oberst-Anästhesie ist die Umspritzung des Fingernervs.

127) Lokalanästhesie umfasst nur die Oberflächenanästhesie.

128) Bei Spinal- bzw. Peridural-Anästhesie werden Rückenmarksnerven betäubt.

129) Im EBM gibt es separate GOPs für Kinder bis zum 12. Lebensjahr und Erwachsene.

130) Sekundärheilende Wunden können mehrmals pro Behandlungsfall abgerechnet werden.

131) Bei venösen Ulzera ist eine Fotodokumentation obligat.

132) Verbandswechsel und Anästhesie sind im EBM gesondert abrechenbar.

133) Primäre Wundversorgung kann einmal pro Behandlungstag abgerechnet werden.

134) Offene Wunden an verschiedenen Körperteilen können maximal fünfmal abgerechnet werden.

135) Sekundärheilende Wunden erfordern mindestens drei persönliche Arzt-Patienten-Kontakte.

136) In der GOÄ gibt es eine klare Definition zwischen kleinen und großen Wunden.

137) In der GOÄ sind Wundverbände Bestandteil operativer Eingriffe.

138) Die GOÄ verwendet ein Budgetierungssystem wie der EBM.

139) In der UV-GOÄ gibt es Festpreise ohne Steigerungssätze.

140) Ein D-Arzt ist bei Behandlungen über eine Woche erforderlich.

141) Schutzverbände dienen dem Schutz vor Infektionen und Verschmutzung.

142) Der Rucksackverband wird bei Ellenbogenverletzungen eingesetzt.

143) Kompressionsverbände verbessern den venösen Rückfluss.

144) Schildkrötenverbände werden bei Ellenbogen- oder Knieverletzungen verwendet.

145) Bläuliche Verfärbung verbundener Extremitäten ist ein Alarmzeichen.

146) Die anatomische Pinzette hat an den Enden Zähne.

147) Die chirurgische Pinzette eignet sich für das Greifen von Gewebe.

148) Chirurgische Pinzetten haben meist Zähne an den Greifenden.

Neurologie und Nervenfunktionen

In diesem Kapitel wird dein Wissen über das komplexe Nervensystem geprüft. Die Aussagen testen deine Kenntnisse zum Aufbau des zentralen und peripheren Nervensystems, die Funktionen von Gehirn und Rückenmark sowie das vegetative Nervensystem. Diagnostische Verfahren, neurologische Erkrankungen wie Schlaganfall, Parkinson oder Multiple Sklerose und die fünf Sinnesorgane werden ebenso abgefragt wie deren praktische Bedeutung in der medizinischen Versorgung.

Richtig oder falsch?

149) Das Großhirn ist für Denken und Bewusstsein zuständig.

150) Das Kleinhirn ist für Feinmotorik und Gleichgewicht verantwortlich.

151) Es gibt insgesamt zehn Hirnnerven.

152) Hirnwasser (Liquor) befindet sich in der inneren Hirnhaut.

153) Graue Substanz liegt im Rückenmark außen, weiße Substanz innen.

154) Das Rückenmark ist eine Schaltstelle zwischen Gehirn und Körperperipherie.

155) Nervenzellen sind über Synapsen vernetzt.

156) Nervenzellen sind erregbar und können sich nicht mehr teilen.

157) Reife Nervenzellen können die Arbeit anderer Nervenzellen übernehmen.

158) Das ZNS besteht aus Gehirn und Rückenmark.

159) Die Hirnanhangsdrüse wird auch Hypothalamus genannt.

160) Das Großhirn wird auch Telencephalon genannt.

161) Das Zwischenhirn enthält die Hirnanhangsdrüse (Hypophyse).

162) Der Hirnstamm besteht aus Mittelhirn, Brücke und verlängertem Mark.

163) Das Kleinhirn ist für Denken und Bewusstsein zuständig.

164) Es gibt insgesamt drei Hirnhäute (Meningen).

165) Das Gehirn wird über Blutgefäße mit Sauerstoff und Glukose versorgt.

166) Graue Substanz besteht aus vielen Neuronenzellkörpern.

167) Weiße Substanz besteht aus Myelinscheiden der Axone.

168) Das Großhirn hat eine Rinde und einen Balken (Corpus callosum).

169) Das Zwischenhirn wird auch Diencephalon genannt.

170) Der Hirnstamm steuert Lebensfunktionen.

171) Das Rückenmark verläuft durch den Rückenmarkskanal in der Wirbelsäule.

172) Das Rückenmark besteht aus sensiblen und motorischen Nervenfasern.

173) Zwischen jedem Wirbelkörper treten Nerven ein und aus.

174) Rückenmarkschädigungen führen immer zu vollständigen Lähmungen.

175) Bandscheibenvorfälle können das Rückenmark schädigen.

176) Rückenmarkschädigungen können zu Inkontinenz führen.

177) Rückenmarkschädigungen können vegetative Störungen verursachen.

178) Der Sehnerv wird als N. opticus (II) bezeichnet.

179) Hirnnerven ziehen direkt vom Gehirn durch die Schädeldecke.

180) Hirnnerven verlaufen über das Rückenmark.

181) Es gibt insgesamt zwölf Hirnnerven.

182) Der Riechnerv wird als N. olfactorius (I) bezeichnet.

183) Der Drillingsnerv (N. trigeminus, V) ist für Gesichtsempfindungen zuständig.

184) Der Vagusnerv (X) ist Teil des vegetativen Nervensystems.

185) Das vegetative Nervensystem regelt unwillkürliche Abläufe.

186) Das vegetative Nervensystem wird auch autonomes Nervensystem genannt.

187) Sympathikus und Parasympathikus sind Gegenspieler.

188) Der Sympathikus wird als „Entspannungsnerv" bezeichnet.

189) Der Sympathikus erhöht Puls und Blutdruck.

190) Der Parasympathikus erweitert die Bronchien.

191) Das vegetative Nervensystem steuert die Herzfrequenz.

192) Der Sympathikus reduziert Verdauungsvorgänge.

193) Der Parasympathikus ist der „Entspannungsnerv".

194) EMG ist eine Nervenleituntersuchung.

195) Zur neurologischen Untersuchung gehören Reflexe und Bewusstsein.

196) Liquordiagnostik dient dem Nachweis von Entzündungen.

197) Meningitis kann durch Liquordiagnostik nachgewiesen werden.

198) EEG ist eine Nervenleituntersuchung.

199) CT gehört zu den bildgebenden Verfahren in der Neurologie.

200) Multiple Sklerose kann durch Liquordiagnostik nachgewiesen werden.

201) EAP und EVP sind Nervenleituntersuchungen.

202) Meningitis wird meist durch Viren oder Bakterien verursacht.

203) Glioblastom ist ein gutartiger, langsam wachsender Tumor.

204) Schlaganfall entsteht durch Durchblutungsstörungen oder Blutungen.

205) Parkinson-Erkrankung wird auch Schüttellähmung genannt.

206) Multiple Sklerose zerstört die Myelinscheiden der Axone.

207) Neuropathien können durch Diabetes mellitus entstehen.

208) Typische Symptome einer Meningitis sind Fieber, Kopfschmerzen und Nackensteifigkeit.

209) FSME wird durch Viren verursacht.

210) Demenz ist ein fortschreitender Abbau der geistigen Leistungsfähigkeit.

211) Gehirnerschütterung wird auch Commotio cerebri genannt.

212) Das Außenohr fängt den Schall auf.

213) Die Gehörknöchelchen heißen Hammer, Amboss und Steigbügel.

214) Das Gleichgewicht ist im Mittelohr lokalisiert.

215) Otitis media ist eine Mittelohrentzündung.

216) Tinnitus kann durch Stress ausgelöst werden.

217) Schallleitungsprobleme entstehen im Außen- und Mittelohr.

218) Das Gleichgewicht ist im Innenohr lokalisiert.

219) Über den Riechnerv werden die Reize an das Gehirn weitergeleitet.

220) Schnupfen wird medizinisch als Rhinitis bezeichnet.

221) Sinusitis ist eine Erkrankung der Nasennebenhöhlen.

222) Der optische Apparat besteht aus Hornhaut, Kammerwasser, Linse und Glaskörper.

223) Bei Kurzsichtigkeit liegt der Brennpunkt vor der Netzhaut.

224) Grüner Star ist eine Trübung der Linse.

225) Der Sehnerv ist der zweite Hirnnerv (N. opticus, II).

226) Weitsichtigkeit wird mit Konvexlinsen korrigiert.

227) Kurzsichtigkeit wird mit konkaven Linsen korrigiert.

228) Grauer Star ist eine Trübung der Linse mit Nebelsehen.

Endokrines System

Hier testest du dein Wissen über das Hormonsystem des menschlichen Körpers. Die Aussagen umfassen die wichtigsten Hormondrüsen wie Schilddrüse, Nebennieren und Bauchspeicheldrüse, deren Hormone und Funktionen. Krankheitsbilder wie Diabetes mellitus, Schilddrüsenfehlfunktionen und das Cushing-Syndrom sowie entsprechende Diagnoseverfahren stehen im Fokus dieses Kapitels.

Richtig oder falsch?

229) Hormone sind chemische Botenstoffe, die über das Blut verteilt werden.

230) Hormone regulieren Stoffwechsel und Organtätigkeiten.

231) Der Hypothalamus ist die oberste Schaltzentrale der Hormonregelung.

232) Melatonin wird von der Zirbeldrüse produziert und steuert die biologische Uhr.

233) TSH aktiviert die Schilddrüse.

234) ACTH stimuliert die Nebennierenrinde.

235) ADH reduziert die Harnausscheidung.

236) Oxytocin ist für Wehen und Milchbildung zuständig.

237) STH ist das Wachstumshormon.

238) T3 und T4 regulieren den Stoffwechsel.

239) Calcitonin baut Kalzium in die Knochen ein.

240) Parathormon ist der Gegenspieler von Calcitonin.

241) Adrenalin und Noradrenalin sind Stresshormone aus dem Nebennierenmark.

242) Insulin senkt den Blutzucker.

243) Glukagon erhöht den Blutzucker.

244) Testosteron wird in den Hoden produziert.

245) Östrogen und Progesteron werden in den Eierstöcken gebildet.

246) Szintigrafie nutzt radioaktive Isotope zur Hormondiagnostik.

247) Diabetes insipidus entsteht durch ADH-Mangel.

248) Hyperthyreose führt zu vermehrtem Stoffwechsel und Gewichtsabnahme.

249) Hypothyreose verursacht Antriebslosigkeit und Leistungsabfall.

250) Morbus Basedow ist eine Form der Hyperthyreose.

251) Das Cushing-Syndrom entsteht durch Kortisol-Überschuss.

Hämatologie und Blutkreislauf

In diesem Kapitel testest du dein Wissen rund um Blut und seine medizinische Bedeutung. Die Aussagen behandeln den Aufbau des Blutes, die verschiedenen Blutzellen (Erythrozyten, Leukozyten, Thrombozyten) sowie wichtige Diagnoseverfahren wie kleines und großes Blutbild oder BSG-Bestimmung. Außerdem werden deine Kenntnisse zum Lymphsystem, zur Immunabwehr und zu Krankheitsbildern wie HIV und AIDS geprüft.

Richtig oder falsch?

252) Blut ist ein flüssiges Organ.

253) Ein Erwachsener hat etwa 5 Liter Blut.

254) Blut besteht zu 58% aus zellulären Bestandteilen.

255) Zu den Blutfunktionen gehören Transport und Infektabwehr.

256) Die Blutzellenbildung erfolgt in der Leber.

257) Blut dient der pH-Pufferung und Gerinnung.

258) Blut besteht aus 58% flüssigen und 42% zellulären Bestandteilen.

259) Erythrozyten sind klein, rund und eingedellt.

260) Die Lebensdauer der Erythrozyten beträgt etwa 120 Tage.

261) Erythrozyten haben einen Zellkern.

262) Hämoglobin ist hauptsächlich für den Sauerstofftransport zuständig.

263) Es gibt vier Hauptblutgruppen: A, B, AB und 0.

264) Die Milz ist für Prüfung und Abbau der Erythrozyten zuständig.

265) Erythrozyten haben etwa 5 Millionen pro Mikroliter Blut.

266) Hämoglobin ist ein eisenhaltiges Eiweißmolekül.

267) Die normale Leukozytenmenge liegt bei ca. 4000-10000/ µl Blut.

268) B-Lymphozyten sind für die Bildung von Antikörpern zuständig.

269) Monozyten haben einen runden Kern.

270) Neutrophile Granulozyten zeigen eine Lilafärbung.

271) T-Lymphozyten sind für die zelluläre Abwehr verantwortlich.

272) Leukämie ist eine Form von Blutkrebs.

273) Eosinophile Granulozyten zeigen eine Rotfärbung.

274) Monozyten wandern als Makrophagen in das Gewebe.

275) Thrombozyten sind klein und kernlos.

276) Die normale Thrombozytenmenge liegt bei ca. 150000-400000/µl Blut.

277) Die Lebensdauer der Thrombozyten beträgt eine bis zwei Wochen.

278) Thrombozyten sind für den Wundverschluss zuständig.

279) Thrombozyten starten die Gerinnungskaskade.

280) Das kleine Blutbild enthält Hämoglobin, Erythrozyten und Leukozyten.

281) Der normale Hb-Wert bei Männern liegt bei 14-18 g/dl.

282) Hämatokrit-Erhöhung kann ein Hinweis auf Exsikkose sein.

283) MCH steht für mittleres zelluläres Volumen.

284) Leukozyten-Erhöhung kann bei bakteriellen Infekten auftreten.

285) Erniedrigte Leukozyten können nach Chemotherapie auftreten.

286) Der normale Hb-Wert bei Frauen liegt bei 12-16 g/dl.

287) Erhöhte Thrombozyten bedeuten Thrombosegefahr.

288) MCV steht für mittleres zelluläres Volumen.

289) Das große Blutbild enthält zusätzlich eine Leukozytendifferenzierung.

290) Die Leukozytendifferenzierung erfolgt in der Regel maschinell.

291) Manuelle Differenzierung ist immer im großen Blutbild enthalten.

292) Für den Blutausstrich wird frisches EDTA-Blut verwendet.

293) Beim Blutausstrich werden 100 Leukozyten ausgezählt.

294) Die Färbung erfolgt nach Pappenheim.

295) BSG ist ein unspezifischer Entzündungsmarker.

296) BSG kann bei Rauchern und Schwangeren erhöht sein.

297) Für die BSG-Bestimmung werden 2 ml Vollblut mit Na-Citratzusatz benötigt.

298) Die Ablesung erfolgt nur nach einer Stunde.

299) Der Normwert nach zwei Stunden liegt bei Frauen bei 5-20 mm n.W.

300) Lymphknoten sind Filterstationen des Lymphsystems.

301) Der Thymus dient der Reifung von Abwehrzellen.

302) Allergien sind eine Überfunktion gegen Fremdstoffe.

303) Payersche Plaques befinden sich im Dickdarm.

304) Autoimmunkrankheiten sind eine Überfunktion gegen eigenes Gewebe.

305) Das HI-Virus zerstört T4-Zellen (Lymphozyten).

306) Die Inkubationszeit bis zum Vollbild AIDS beträgt Jahre oder Jahrzehnte.

307) HIV wird nur durch Geschlechtsverkehr übertragen.

308) Nach Nadelstichverletzung ist eine BG-Meldung erforderlich.

Kardiovaskuläres System

Dieses Kapitel fokussiert auf das Herz-Kreislauf-System als zentrale Versorgungseinheit des Körpers. Du testest dein Wissen zu Herzaufbau, Blutkreislauf und Reizleitung sowie zu diagnostischen Verfahren wie EKG, Blutdruck- und Pulsmessung. Wichtige Krankheitsbilder wie Herzinfarkt, Bluthochdruck und Gefäßerkrankungen werden ebenso behandelt wie deren Notfallmanagement.

Richtig oder falsch?

309) Das Herz ist ein Hohlmuskel mit vier Kammern.

310) Das Herz pumpt etwa 70 ml Schlagvolumen.

311) Das Herz liegt zu 2/3 links und 1/3 rechts vom Brustbein.

312) Die Herzwand besteht aus Endokard, Myokard und Perikard.

313) Das Herz liegt im Mediastinum zwischen den Lungenflügeln.

314) Die Herzspitze zeigt nach rechts unten.

315) Das Herz ist etwa faustgroß.

316) Klappen trennen Vorhöfe und Kammern.

317) Arterien führen Blut vom Herzen weg.

318) Venen führen Blut zum Herzen hin.

319) Kapillaren verbinden Arterien und Venen.

320) Arterien haben eine dicke Muskelschicht.

321) Venen haben Venenklappen.

322) Arterien sind ein Niederdrucksystem.

323) Die Muskelpumpe der Beine unterstützt den venösen Rückfluss.

324) Das Herz schlägt unwillkürlich und unabhängig vom ZNS.

325) Der Sinusknoten ist der Taktgeber des Herzens.

326) Der AV-Knoten ist ein Ersatztaktgeber.

327) Die Reizleitung erfolgt über HIS-Bündel zu den Tawara-Schenkeln.

328) Purkinje-Fasern sind die letzten Elemente der Reizleitung.

329) Das Herz kann nur mit äußeren Reizen schlagen.

330) Der Puls wird in Schlägen pro Minute gemessen.

331) Der normale Ruhepuls liegt bei 60-80 Schlägen pro Minute.

332) Sportler haben meist einen Puls über 100.

333) Tachykardie bedeutet Puls über 100 pro Minute.

334) Bradykardie bedeutet Puls unter 60 pro Minute.

335) Bei Herzrhythmusstörungen sollte eine Minute lang gemessen werden.

336) Der Puls kann an der A. radialis getastet werden.

337) Optimaler Blutdruck liegt bei 120/80 mmHg.

338) Hypertonie beginnt ab 140/90 mmHg.

339) Hypotonie liegt unter 100 mmHg systolisch.

340) Der erste hörbare Puls gibt den diastolischen Wert an.

341) Eine zu kleine Manschette führt zu falsch hohen Werten.

342) Bei adipösen Patienten sollte eine große Manschette verwendet werden.

343) Nach Brustkrebs-OP sollte am betroffenen Arm gemessen werden.

344) Das Standard-EKG hat 12 Ableitungen.

345) Der Papiervorschub beträgt standardmäßig 50 mm/Sek.

346) Die P-Welle zeigt die Vorhoferregung.

347) Der QRS-Komplex zeigt die Kammererregung.

348) Die T-Welle zeigt die Erregungsrückbildung.

349) V1 wird zwischen der 4./5. Rippe links vom Brustbein angelegt.

350) Das EKG misst die elektrische Aktivität des Herzens.

351) Lockere Elektroden können Störungen verursachen.

352) Echokardiografie ist Ultraschall des Herzens.

353) Herzkatheter ist eine Röntgenkontrastuntersuchung.

354) PTCA ist eine Erweiterung der Koronararterien.

355) Doppler-Sono kann Durchblutungsstörungen aufdecken.

356) ACS entsteht durch akute Obstruktion einer Koronararterie.

357) STEMI ist ein ST-Strecken-Elevations-Myokardinfarkt.

358) Troponin ist ein herzspezifischer Parameter.

359) Alle Herzinfarkte zeigen typische Brustschmerzen.

360) ASS gehört zu den Notfallmedikamenten beim Infarkt.

361) Übergewicht ist ein Risikofaktor für Bluthochdruck.

362) Arteriosklerose wird auch „Verkalkung" der Arterien genannt.

363) pAVK betrifft die Beinarterien.

364) KHK betrifft die Herzkranzgefäße.

365) Krampfadern entstehen durch „ausgeleierte" Venenklappen.

Respirationssystem

Hier wird dein Wissen über das Atmungssystem mit seinen vielfältigen Funktionen getestet. Die Aussagen prüfen deine Kenntnisse zum Aufbau der Atemwege von der Nase bis zu den Lungenbläschen, häufige Erkrankungen wie Asthma, Bronchitis oder Lungenentzündung sowie deren Diagnostik. Aufmerksamkeit gilt auch dem Notfallmanagement beim Asthmaanfall und verschiedenen Lungenfunktionstests.

Richtig oder falsch?

366) Die Hauptaufgabe der Luftwege ist die Aufwärmung, Befeuchtung und Reinigung der Atemluft.

367) Die Atemluft besteht zu 78% aus Stickstoff.

368) Der Sauerstoffgehalt beträgt bei der Einatmung 21% und bei der Ausatmung 16-17%.

369) Die Luftröhre gabelt sich in drei Hauptbronchien.

370) Der Gasaustausch findet in den Lungenbläschen (Alveolen) statt.

371) Die Nasennebenhöhlen dienen als Resonanzkörper für die Stimme.

372) Das Atmungssystem wird in obere und untere Luftwege unterteilt.

373) Die Luftröhre hat Knorpelspangen zur Stabilisierung.

374) Der Kehldeckel verschließt die Luftröhre beim Schlucken.

375) Die Einströmung der Luft erfolgt durch Überdruck im Brustkorb.

376) Der Kohlendioxidgehalt steigt von 0,03% bei Einatmung auf 4-5% bei Ausatmung.

377) Die Eustachische Röhre dient dem Druckausgleich.

378) Das Flimmerepithel reinigt die Atemluft.

379) Die oberen Luftwege umfassen nur Nase und Mund.

380) Akute Entzündungen umfassen Schnupfen, Sinusitis und Bronchitis.

381) COPD ist die chronische Form der Bronchitis.

382) Pneumonie zeigt sich mit Atemnot, Fieber, Husten und Auswurf.

383) Kehlkopf- und Bronchialkarzinom haben bei Nichtrauchern ein hohes Risiko.

384) Pneumothorax und Rippenfraktur sind Verletzungen des Atmungssystems.

385) Lungenödem entsteht bei Rechtsherzinsuffizienz und ist ein Notfall.

386) Rhinitis ist der medizinische Begriff für Schnupfen.

387) Allergien und Infekte können Ursachen für chronisches Asthma bronchiale sein.

388) Pfeifen beim Ausatmen wird als exspiratorischer Stridor bezeichnet.

389) Bei einem Asthmaanfall sollte der Oberkörper hochgelagert werden.

390) Die Sauerstoffgabe erfolgt mit 5 Liter pro Minute.

391) Kortison und Spasmolytika gehören zur Therapie des Asthmaanfalls.

392) Asthmatiker sollten nur zu Hause ein Notfallset aufbewahren.

393) Zyanose ist ein typisches Symptom beim Asthmaanfall.

394) Die Lippenbremse gehört zu den Sofortmaßnahmen beim Asthmaanfall.

395) Belastung kann niemals einen Asthmaanfall auslösen.

396) Perkussion und Auskultation gehören zur körperlichen Untersuchung der Lunge.

397) Das Röntgen-Thorax wird in zwei Ebenen durchgeführt.

398) Das Peak-Flow-Meter kann nur in der Arztpraxis verwendet werden.

399) Das Atemzugsvolumen beträgt etwa 0,5 Liter.

Gastrointestinaltrakt und Metabolismus

Dieses Kapitel behandelt das komplexe Verdauungssystem und den Stoffwechsel. Du testest dein Wissen zu den einzelnen Verdauungsorganen, der Leber als zentralem Stoffwechselorgan und der Bauchspeicheldrüse. Wichtige Krankheitsbilder wie Hepatitis, Leberzirrhose und Pankreatitis sowie diagnostische Verfahren wie Endoskopie und Ultraschall werden abgefragt.

Richtig oder falsch?

400) Das Milchgebiss besteht aus 20 Zähnen.

401) Das Dauergebiss hat 32 Zähne.

402) Die Speiseröhre ist ca. 25 cm lang.

403) Der Magen produziert ca. 1,5 Liter sauren Magensaft pro Tag.

404) Der pH-Wert des Magensafts beträgt 2.

405) Pepsin dient der Kohlenhydratverdauung.

406) Der Intrinsic Factor ist wichtig für die Vitamin-B12-Resorption.

407) Der Dünndarm besteht aus Duodenum, Jejunum und Ileum.

408) Die Amylase im Speichel dient der Kohlenhydratverdauung.

409) Im Dickdarm findet die Vitamin-K-Produktion statt.

410) Der Blinddarm enthält den Wurmfortsatz (Appendix).

411) Der Dickdarm ist hauptsächlich für die Nährstoffresorption zuständig.

412) Das Rektum dient als Reservoir für den Stuhl.

413) Die Speicheldrüsen umfassen Ohrspeicheldrüse, Unterkiefer- und Unterzungendrüse.

414) Der Magen liegt im rechten Oberbauch.

415) Salzsäure im Magensaft dient der Keimabtötung.

416) Schleim im Magensaft schützt den Magen.

417) Im Dünndarm münden Gallen- und Bauchspeicheldrüsengang ein.

418) Der Dickdarm resorbiert hauptsächlich Wasser und Elektrolyte.

419) Das Sigma ist Teil des Dünndarms.

420) Die Leber liegt im rechten Oberbauch unterhalb des Zwerchfells und wiegt ca. 1,5 kg.

421) Die Pfortader bringt sauerstoffarmes aber nährstoffreiches Blut aus dem Magen-Darm-Trakt zur Leber.

422) Die Leber hat Entgiftungsfunktion durch Abbau von Alkohol und Medikamenten.

423) Die Leber produziert Gerinnungsfaktoren durch Eiweißsynthese.

424) GOT und GPT sind Laborwerte zur Leberdiagnostik.

425) Lebertumore sind meist primäre Karzinome.

426) Die Leber produziert Galle zur Fettverdauung.

427) Bilirubin entsteht beim Abbau alter Erythrozyten.

428) Die Leber speichert Glykogen.

429) Die Leber liegt im linken Oberbauch.

430) Hepatitis A wird fäkal-oral übertragen und ist eine „Reisehepatitis".

431) Die Inkubationszeit von Hepatitis A beträgt durchschnittlich 30 Tage.

432) Hepatitis B wird parenteral über Körperflüssigkeiten übertragen.

433) Hepatitis C verläuft meist chronisch.

434) Die Inkubationszeit von Hepatitis B beträgt durchschnittlich 60-120 Tage.

435) Gegen Hepatitis C gibt es eine Schutzimpfung.

436) Hepatitis A hat selten Komplikationen.

437) Hepatitis B kann zu Leberzellkarzinom führen.

438) Hepatitis C zeigt oft unauffällige, grippeähnliche Symptome.

439) Alle drei Hepatitisformen sind meldepflichtig bei Verdacht, Erkrankung und Tod.

440) Hepatitis A verläuft meist chronisch.

441) Die Inkubationszeit von Hepatitis C beträgt 7-8 Wochen.

442) Hepatitis B kann nur durch Geschlechtsverkehr übertragen werden.

443) Bei der Leberzirrhose wird Funktionsgewebe durch Bindegewebe ersetzt.

444) Alkohol und Virushepatitis B/C/D sind häufige Ursachen der Leberzirrhose.

445) Symptome können Lackzunge, Weißnägel und Juckreiz sein.

446) Eine Ösophagusvarizenblutung ist eine harmlose Komplikation.

447) Bei der Therapie ist Alkoholabstinenz wichtig.

448) Die Bauchspeicheldrüse liegt im linken Oberbauch und wird in Kopf, Körper und Schwanz unterteilt.

449) Das Pankreas besteht aus einem endokrinen und einem exokrinen Teil.

450) Der Inselapparat produziert Insulin und Glukagon.

451) Der Bauchspeichel ist sauer und dient der Fettverdauung.

452) Trypsin und Chymotrypsin dienen der Eiweißverdauung.

453) Zur Diagnostik werden Amylase und Lipase im Serum bestimmt.

454) Pankreatitis verursacht schwere Bauchschmerzen.

455) Der Test dient zum Nachweis kleiner Blutungen, die mit dem Auge nicht sichtbar sind.

456) iFOBT/FIT-Tests enthalten Antikörper auf menschliches Hämoglobin.

457) Die Durchführung erfolgt zu Hause mit einem mitgelieferten Bürstchen.

458) Vom 50.-54. Lebensjahr wird der Test alle zwei Jahre empfohlen.

459) Ab dem 55. Lebensjahr wird der Test alle zwei Jahre empfohlen.

460) iFOBT-Tests können durch Nahrungsmittel verfälscht werden.

461) Endoskopie ist die Untersuchung von inneren Hohlräumen mit einer flexiblen Optik.

462) Die Endoskopie ermöglicht direkte Sicht und die Möglichkeit der Biopsie.

463) Die Gastro-Duodenoskopie ist eine Magenspiegelung bis zum Zwölffingerdarm.

464) ERCP ermöglicht die Entfernung von Gallensteinen.

465) Die Koloskopie ermöglicht die Polypabtragung.

466) Virtuelle Koloskopie ist ein endoskopisches Verfahren.

467) Ultraschall ist auch für Schwangere ohne Risiko durchführbar.

468) Bei der Sonografie werden Röntgenstrahlen verwendet.

Ernährungslehre

Hier werden deine Kenntnisse zu den Grundlagen gesunder Ernährung und ernährungsbedingten Erkrankungen geprüft. Die Aussagen testen dein Wissen über Makro- und Mikronährstoffe, die Ernährungspyramide und Körpergewichtsbewertung. Ein Schwerpunkt liegt auf Diabetes mellitus mit seinen verschiedenen Formen, Diagnoseverfahren und Stoffwechselerkrankungen wie Gicht.

Richtig oder falsch?

469) Makronährstoffe dienen hauptsächlich der Energiedeckung und der Zufuhr von Schlüsselelementen.

470) Eiweiße haben einen Energiegehalt von 4 kcal/g.

471) Fette haben einen höheren Energiegehalt als Kohlenhydrate.

472) Ballaststoffe sind wichtige Energielieferanten.

473) Gesättigte Fettsäuren kommen vor allem in pflanzlichen Lebensmitteln vor.

474) Die Verdauung von Fetten erfolgt durch Gallensäuren und Lipase.

475) Schlüsselelemente machen 96% der Körpermasse aus.

476) Eiweiße sind Bausteine der Körpersubstanz.

477) Eiweiße bestehen aus einzelnen Aminosäuren.

478) Proteine sind Bausteine von Muskeln, Immun- und Gerinnungssystem.

479) Eiweiße haben einen Energiegehalt von 9 kcal/g.

480) Pepsin aus dem Magensaft dient der Eiweißverdauung.

481) Eiweiße kommen vor allem in Fleisch, Fisch, Käse und Eiern vor.

482) Trypsin und Chymotrypsin aus dem Bauchspeichel verdauen Eiweiße.

483) Kohlenhydrate haben die Funktion als Energielieferanten.

484) Glukose ist ein Einfachzucker (Monosaccharid).

485) Saccharose ist ein Zweifachzucker.

486) Kohlenhydrate haben einen Energiegehalt von 4 kcal/g.

487) Ballaststoffe sind verdauliche Polysaccharide.

488) Die Verdauung erfolgt durch Ptylain im Mundspeichel und Amylase im Bauchspeichel.

489) Fructose ist ein Einfachzucker.

490) Glykogen ist die Speicherform in der Leber.

491) Stärke kommt in Kartoffeln und Getreide vor.

492) Fette dienen als Energiereserven und dem Zellaufbau.

493) Fette bestehen aus Fettsäure und Glyzerin.

494) Gesättigte Fettsäuren kommen vor allem in tierischen Lebensmitteln vor.

495) Fette haben einen Energiegehalt von 9 kcal/g.

496) Ungesättigte Fettsäuren kommen hauptsächlich in Butter und Sahne vor.

497) Bei der Verdauung emulgieren Gallensäuren die Fette.

498) Ungesättigte Fettsäuren kommen vor allem in Pflanzenölen und Nüssen vor.

499) Mengenelemente machen etwa 3% der Körpermasse aus.

500) Spurenelemente wie Zink und Jod kommen nur in Spuren im menschlichen Körper vor.

501) Mineralstoffe werden in wässrigen Lösungen auch Elektrolyte genannt.

502) Natrium ist wichtig für den Wasserhaushalt.

503) Kalium spielt eine Rolle beim Herzschlag.

504) Spurenelemente machen den größten Anteil der Körpermasse aus.

505) Kalzium ist wichtig für die Knochen.

506) Chlorid ist ein Spurenelement.

507) Jod ist wichtig für Schilddrüsenhormone.

508) Eisen ist wichtig für den Sauerstofftransport.

509) Vitamin A ist wichtig für die Sehkraft und kommt in Milchprodukten und Karotten vor.

510) Vitamin D ist wichtig für den Knochenaufbau und ein Mangel führt zu Rachitis.

511) Vitamin K ist wichtig für die Blutgerinnung und kommt in grünem Gemüse vor.

512) Vitamin C ist ein fettlösliches Vitamin.

513) Ein Vitamin B12-Mangel kann zu Anämie führen.

514) Vitamin E dient dem Zellschutz und kommt in Pflanzenölen vor.

515) Vitamin D ist ein wasserlösliches Vitamin.

516) Vitamin C-Mangel führt zu Skorbut.

517) Vitamin A-Mangel führt zu Nachtblindheit.

518) Die DGE-Empfehlungen basieren auf der Ernährungspyramide.

519) An der Basis der Pyramide stehen Lebensmittel, die reichlich verzehrt werden sollen.

520) Fleisch sollte täglich in großen Mengen konsumiert werden.

521) Der BMI berechnet sich aus Körpergewicht geteilt durch Körperlänge zum Quadrat.

522) Der BMI-Normalwert liegt bei 20-25 kg/m².

523) Übergewicht kann zu Bluthochdruck und Diabetes führen.

524) Diabetes mellitus Typ I ist durch absoluten Insulinmangel gekennzeichnet.

525) Diabetes mellitus Typ II tritt häufig bei jungen, schlanken Menschen auf.

526) Typische Symptome sind gesteigerter Durst und häufiges Wasserlassen.

527) Die Erkrankungszahlen bei Diabetes mellitus Typ II sind stark steigend.

528) Bei Diabetes mellitus Typ II wird als erste Therapiemaßnahme Insulin gegeben.

529) Hypoglykämie ist ein Notfall und erfordert die sofortige Gabe von Zucker.

530) Beim oralen Glukosetoleranztest wird eine Lösung mit 75g Glukose verwendet.

531) Der BZ-Wert nach zwei Stunden beim oGTT sollte unter 140 mg/dl liegen.

532) HbA1c zeigt die Blutzuckersituation über die letzten zwölf Wochen.

533) Der Normwert für HbA1c liegt zwischen 4,5 und 5,7.

534) Die Teilnahme am DMP ist für Patienten verpflichtend.

535) Die Abrechnung erfolgt außerhalb der budgetierten Gesamtvergütung.

536) Gicht entsteht durch erhöhte Harnsäurespiegel im Blut.

537) Gicht tritt typischerweise am Großzehengrundgelenk auf.

Urogenitalsystem

Dieses Kapitel behandelt das Harnsystem und seine medizinische Bedeutung. Du testest dein Wissen zu Nierenaufbau und -funktion, häufigen Erkrankungen wie Harnwegsinfekten und Nierensteinen sowie der umfangreichen Urindiagnostik. Von der Probengewinnung über Urinstatus bis hin zum Urinsediment werden diagnostische Verfahren abgefragt.

Richtig oder falsch?

538) Die Nieren liegen vor dem Bauchraum in der Bauchhöhle.

539) Die linke Niere liegt etwas höher als die rechte.

540) Die Nebennieren gehören zum Harntrakt.

541) Eine Funktionseinheit der Niere heißt Nephron.

542) In den Nierenkörperchen wird täglich ca. 180-200 Liter Primärharn abgefiltert.

543) Die Nieren liegen retroperitoneal hinter dem Bauchraum.

544) Im Tubulusapparat werden etwa 50% des Wassers rückresorbiert.

545) Gesunder Primärharn enthält normalerweise große Eiweißmoleküle.

546) Sekundärharn enthält bei Gesunden keine Glukose mehr.

547) Gesunder Urin besteht zu 95% aus Wasser.

548) Die Henle-Schleife ist für die Wasserrückresorption verantwortlich.

549) Der Harntrakt umfasst Nieren, Harnleiter, Harnblase und Harnröhre.

550) Die Nieren sind bohnenförmig und in eine Fettkapsel eingebettet.

551) Die Nierenrinde enthält die Glomeruli zur Harnproduktion.

552) Das Nierenmark liegt innen und enthält die Henle-Schleifen.

553) Am Ende entstehen täglich etwa 1,8-2 Liter Sekundärharn.

554) Gesunder Urin enthält Urobilin aus dem Hämoglobinabbau.

555) Bei Diabetikern kann Glukose im Urin ausgeschieden werden.

556) Das Nephron besteht aus Nierenkörperchen und Nierenkanälchen.

557) Die Nebennieren sitzen wie kleine Mützchen auf den Nieren.

558) Harnwegsinfekte kommen bei Frauen häufiger vor, da ihre Harnröhre mit 3-5 cm kürzer ist.

559) Harnwegsinfekte entstehen hauptsächlich durch Viren.

560) Typische Symptome sind Brennen beim Wasserlassen und häufiger Harndrang.

561) In der Diagnostik sind im Urinstix Erythrozyten, Leukozyten und Nitrit positiv.

562) Eine Komplikation kann eine Nierenbeckenentzündung sein.

563) Die Therapie besteht ausschließlich aus Antibiotika-Gabe.

564) Darmbakterien können durch falsche Intimhygiene eine Zystitis verursachen.

565) Die Harnröhre bei Männern ist 20-25 cm lang.

566) Zur Therapie gehört reichlich Flüssigkeitszufuhr und Warmhalten.

567) Nierenbeckenentzündung zeigt sich durch Fieber, Schüttelfrost und Flankenschmerzen.

568) Glomerulonephritis ist eine Entzündung der Nierenkörperchen ohne Erreger.

569) Niereninsuffizienz kann durch langjährigen Diabetes mellitus entstehen.

570) Nierensteine bestehen ausschließlich aus Harnsäure.

571) ESWL steht für Stoßwellentherapie zur Behandlung von Nierensteinen.

572) Urämie ist eine Harnvergiftung bei fortgeschrittener Niereninsuffizienz.

573) Flüssigkeitsmangel fördert die Entstehung von Nierensteinen.

574) Nierensteine können durch pH-Schwankungen gefördert werden.

575) Bei Niereninsuffizienz kann eine Dialyse erforderlich werden.

576) Calciumoxalat ist eine häufige Zusammensetzung von Nierensteinen.

577) Im Endstadium der Niereninsuffizienz ist eine Transplantation möglich.

578) Hämaturie bezeichnet Blut im Urin.

579) Mikrohämaturie ist eine sichtbare rötliche Verfärbung des Urins.

580) Pyurie bezeichnet eitriger, trüber Urin.

581) Oligurie ist eine Harnmenge von 100-500 ml pro Tag.

582) Anurie liegt vor, wenn die Harnmenge unter 100 ml pro Tag beträgt.

583) Polyurie bezeichnet eine Harnmenge von mehr als 3 Litern pro Tag.

584) Makrohämaturie zeigt größere Blutmengen mit rötlichem Urin.

585) Harninkontinenz ist unfreiwilliger Harnabgang.

586) Bei der Mittelstrahlgewinnung wird die erste Portion Urin in die Toilette entleert.

587) Bei der Mittelstrahlgewinnung wird auch die letzte Portion Urin mit aufgefangen.

588) Gründliche Hände- und Intimhygiene ist bei der Mittelstrahlgewinnung erforderlich.

589) Die Sammeluringewinnung beginnt mit dem ersten Morgenurin.

590) Die Sammeluringewinnung endet mit dem Morgenurin des nächsten Tages.

591) Sammelbehälter müssen lichtundurchlässig und verschließbar sein.

592) Mittelstrahlurin wird für Infektdiagnostik verwendet.

593) Spontanurin eignet sich zur Schwangerschaftsdiagnostik.

594) Das normale spezifische Gewicht des Urins liegt zwischen 1010-1025.

595) Nitrit im Urin weist auf Harnwegsinfekte mit gramnegativen Erregern hin.

596) Teststreifen sollten nach 60 Sekunden abgelesen werden.

597) Ketone im Urin können auf Diabetes mellitus oder Hungerdiät hinweisen.

598) Urobilinogen ist normalerweise komplett negativ im gesunden Urin.

599) Der normale pH-Wert des Urins liegt zwischen 5-8.

600) Glukose im Urin kann auf Diabetes mellitus hinweisen.

601) Bilirubin im Urin weist auf Lebererkrankungen hin.

602) Für die Untersuchung werden 12 ml frischen Morgenurin bei 1500 rpm zentrifugiert.

603) Die mikroskopische Untersuchung erfolgt zunächst mit dem 10x-, dann mit dem 40x-Objektiv.

604) Im gesunden Urin finden sich normalerweise bis zu 15 Plattenepithelzellen pro Gesichtsfeld.

605) Nieren- und Rundepithelien sind im gesunden Urin in größerer Anzahl vorhanden.

606) Bei Frauen können bis zu 5 Leukozyten pro Gesichtsfeld noch normal sein.

607) Erythrozyten-Zylinder weisen auf eine akute Glomerulonephritis hin.

608) Wachszylinder sind Zeichen einer Nierenschädigung.

609) Calciumoxalat-Kristalle haben eine „Briefkuvert"-Form.

610) Tripelphosphat-Kristalle entstehen in alkalischem Harn.

611) Hyaline Zylinder können im gesunden Urin vereinzelt vorkommen.

612) Harnsäure-Kristalle können bei Gicht und Steinleiden auftreten.

613) Tyrosin- und Leucin-Kristalle weisen auf Lebererkrankungen hin.

614) Der Micral-Test weist kleinste Eiweißmengen ab 20 mg/l im Urin nach.

615) Der Addis-Count ist heute noch ein gebräuchliches Verfahren.

616) Bei der Urinkultur liegt die relevante Keimzahl über 100000/ml.

617) Für die Urinkultur wird der Nährboden bei 37°C bebrütet.

Reproduktionsmedizin

Hier wird dein Wissen über die Geschlechtsorgane und reproduktive Gesundheit getestet. Die Aussagen prüfen deine Kenntnisse zu männlicher und weiblicher Anatomie, dem weiblichen Zyklus, Schwangerschaft und Geburt sowie wichtige Krebsvorsorgeuntersuchungen. Aufmerksamkeit gilt auch der gynäkologischen Untersuchung, Mutterschaftsvorsorge und verschiedenen Abrechnungsmodalitäten.

Richtig oder falsch?

618) Der Hodensack sorgt für die richtige Temperatur zur Spermienbildung.

619) Die Hoden bilden Samenzellen und männliche Geschlechtshormone wie Testosteron.

620) Der Nebenhoden ist für die Bildung der Samenflüssigkeit verantwortlich.

621) Das Prostatakarzinom ist der häufigste Krebs bei Männern.

622) Prostataadenom und Prostatakarzinom verursachen völlig unterschiedliche Symptome.

623) Zu den Geschlechtsdrüsen gehören Samenbläschen, Prostata und Cowper-Drüsen.

624) Der Hodensack enthält die Hoden und sorgt für die richtige Temperatur zur Spermienbildung.

625) Die Hoden bilden sowohl Samenzellen als auch männliche Geschlechtshormone.

626) Der Nebenhoden ist für die Reifung und Speicherung der Samenzellen verantwortlich.

627) Testosteron gehört zu den Androgenen.

628) Die Cowper-Drüsen gehören zu den äußeren Geschlechtsorganen.

629) Samenbläschen, Prostata und Cowper-Drüsen produzieren gemeinsam die Samenflüssigkeit.

630) Bei vielen Männern im mittleren und höheren Alter vergrößert sich die Prostata.

631) Das Prostataadenom ist eine bösartige Vermehrung der Prostatazellen.

632) Das Prostatakarzinom wächst meist sehr schnell.

633) Die Eierstöcke (Ovarien) produzieren die Hormone Östrogen und Progesteron und sind Ort der Follikel- und Eireifung.

634) Die Gebärmutter wird in drei Teile unterteilt: Gebärmutterkörper (Korpus), Gebärmutterhals (Zervix) und Gebärmuttermund (Portio).

635) Brustkrebs ist die häufigste Krebserkrankung bei Frauen und tritt meist während der Wechseljahre auf.

636) Das Zervixkarzinom wird hauptsächlich durch Bakterien verursacht und durch Tröpfcheninfektion übertragen.

637) Die Brustselbstuntersuchung sollte einmal monatlich durchgeführt werden, am besten an den letzten Tagen der Regelblutung.

638) Die weibliche Brust besteht ausschließlich aus Brustdrüsengewebe zur Milchproduktion.

639) Die Eileiter fangen über den Fimbrientrichter das Ei auf und leiten es von den Eierstöcken zur Gebärmutter.

640) Die Gebärmutter wird in vier Teile unterteilt: Korpus, Zervix, Portio und Fundus.

641) Die weibliche Brust besteht aus Brustdrüsen, Fett- und Bindegewebe, wobei die Brustwarze die Mündung der Milchgänge bildet.

642) Das Endometrium ist die äußere Schicht der Gebärmutterwand und bleibt während des gesamten Zyklus unverändert.

643) Zu den äußeren Geschlechtsorganen gehören die Schamlippen, der Scheidenvorhof mit Harnröhrenmündung und die Klitoris.

644) Die Scheide dient ausschließlich als Geburtskanal und hat keine weitere Funktion im Fortpflanzungsprozess.

645) Die Gebärmutterwand ist eine dicke Muskelwand (Myometrium), innen mit dem Endometrium ausgekleidet.

646) Die Gebärmutter beherbergt in der Schwangerschaft den Embryo bzw. Fötus und ist am Aufbau der Plazenta beteiligt.

647) Mammakarzinom hat die höchste Inzidenz aller Krebsarten bei Frauen.

648) Zu den Risikofaktoren für Brustkrebs gehören Hormonersatztherapie, Alkohol, Rauchen und genetische Disposition.

649) Nach einer Brustkrebs-Operation dürfen Blutentnahmen und Blutdruckmessungen problemlos an beiden Armen durchgeführt werden.

650) Die Diagnose erfolgt ausschließlich durch Mammografie, andere Untersuchungsmethoden sind nicht erforderlich.

651) Metastasen bei Brustkrebs können sich in Lunge, Knochen und Leber bilden.

652) Die Prognose ist unabhängig vom Zeitpunkt der Diagnose und bleibt immer gleich.

653) Tastbare, nicht verschiebliche Knoten in der Brust können Hinweise auf Brustkrebs sein.

654) Veränderungen der Brustform und Absonderungen aus der Brustwarze sind mögliche Anzeichen für Brustkrebs.

655) Das Zervixkarzinom ist ein bösartiger Tumor, der meist im Bereich des Muttermundes (Portio) auftritt.

656) Hauptrisikofaktor für das Zervixkarzinom sind humane Papillomaviren (HPV).

657) HPV werden hauptsächlich durch Tröpfcheninfektion und Händeschütteln übertragen.

658) Eine Schutzimpfung gegen HPV ist für Mädchen zwischen 12 und 17 Jahren möglich.

659) Die HPV-Schutzimpfung sollte erst nach dem ersten Geschlechtsverkehr durchgeführt werden.

660) HPV werden durch ungeschützten Sexualverkehr übertragen.

661) Die gynäkologische Untersuchung umfasst Anamnese, vaginale Untersuchung, Zervix-Abstrich und Beratungsgespräch.

662) Zur Vorbereitung einer gynäkologischen Untersuchung gehören Akte, Handschuhe und Spekula oder Kolposkop.

663) Für den Zervix-Abstrich werden ausschließlich sterile Metallspatel verwendet.

664) Der Pap-Abstrich ist ein anderer Begriff für den Zervix-Abstrich.

665) Für eine rektale Untersuchung wird ein Fingerling und gegebenenfalls ein Testbriefchen Hämoccult® benötigt.

666) Das Beratungsgespräch erfolgt ausschließlich mündlich ohne Verwendung von Merkblättern.

667) Hausärzte dürfen gynäkologische Früherkennung abrechnen, wenn sie seit mindestens 2002 diese Leistung erbringen oder eine mindestens 1-jährige Fortbildung in Gynäkologie haben.

668) Ein weiblicher Zyklus dauert in der Regel 28 bis 35 Tage und wird ab dem ersten Tag der Blutung gerechnet.

669) Kondome sind zwar ein sicheres Verhütungsmittel, schützen aber nicht vor sexuell übertragbaren Krankheiten.

670) Bis zur 10. Schwangerschaftswoche spricht man vom Embryo, danach bis zur Geburt vom Fötus.

671) Die Regeldauer einer Schwangerschaft beträgt 36 Wochen oder 252 Tage.

672) Ultraschalluntersuchungen sind in der 9.-12. SSW, 19.-22. SSW und 29.-32. SSW vorgesehen.

673) Die „Pille" wirkt durch tägliche Progesteroneinnahme und unterdrückt den Eisprung der Frau.

674) Ein normaler Zyklus dauert in der Regel 28 bis 35 Tage.

675) Die drei Zyklusphasen werden ab dem Tag des Eisprungs gerechnet.

676) Die Menarche bezeichnet die erstmalige Regelblutung und tritt meist um das 12. bis 14. Lebensjahr auf.

677) Die Proliferationsphase ist durch einen Anstieg des Östrogenspiegels gekennzeichnet.

678) Die Menopause tritt meist zwischen dem 35. und 40. Lebensjahr ein.

679) FSH stimuliert die Follikelreifung und Östrogenproduktion in den Ovarien.

680) Progesteron wird ausschließlich in der ersten Zyklushälfte produziert.

681) Amenorrhoe bezeichnet eine zu starke Regelblutung.

682) Progesteron bewirkt einen Anstieg der Körpertemperatur um etwa 0,5°C.

683) Das Klimakterium ist durch eine vermehrte Eierstockfunktion gekennzeichnet.

684) Der Gelbkörper entsteht aus dem verbliebenen Follikel nach dem Eisprung und produziert Progesteron.

685) Die Menopause bezeichnet die letzte Regelblutung meist zwischen dem 45. und 50. Lebensjahr.

686) Die „Pille" wirkt durch tägliche Östrogeneinnahme und unterdrückt den Eisprung der Frau.

687) Kondome sind das einzige Verhütungsmittel, das auch vor sexuell übertragenen Krankheiten schützt.

688) Die Spirale (IUP) verhindert die Einnistung des Eis in der Gebärmutter.

689) Natürliche Verhütungsmethoden wie Temperatur- und Kalendermethode gelten als sehr sichere Verhütungsmethoden.

690) Bei der Sterilisation werden bei der Frau die Eileiter und beim Mann die Samenleiter durchtrennt.

691) Die Minipille enthält ausschließlich Östrogen als Wirkstoff.

692) Bis zur 10. SSW spricht man vom Embryo, danach vom Fötus.

693) Die Schwangerschaft wird in vier Trimester eingeteilt.

694) Eine Fehlgeburt tritt meist in den ersten acht SSW auf und das Ungeborene wiegt unter 500 g.

695) Von einer Frühgeburt spricht man bei einer vorzeitigen Geburt vor der 30. SSW.

696) Eine Extrauteringravidität ist lebensgefährlich und äußert sich durch starke Schmerzen.

697) Die EPH-Gestose ist eine harmlose Schwangerschaftserscheinung ohne Risiko für Mutter und Kind.

698) Die Regeldauer einer Schwangerschaft beträgt 40 Wochen oder 270 Tage.

699) Der Geburtstermin wird errechnet durch: 1. Tag der letzten Regelblutung + 7 Tage + 3 Monate + 1 Jahr.

700) Die Wehentätigkeit wird durch das HVL-Hormon Oxytocin ausgelöst.

701) Eine normale Geburt dauert etwa 6 Stunden, bei Erstgebärenden deutlich kürzer.

702) Nach der Geburt treten Rückbildung der Gebärmutter, Milcheinschuss und Wochenfluss (Lochien) auf.

703) Wochenbettfieber ist eine harmlose Erscheinung ohne Komplikationsrisiko.

704) Die Pränataldiagnostik umfasst freiwillige Untersuchungen auf mögliche Krankheiten oder Behinderungen des Kindes.

705) Das Gravidogramm wird alle zwei Wochen während der gesamten Schwangerschaft durchgeführt.

706) Bei Beginn der Schwangerschaft gehören Blutgruppe, Rhesusfaktor und Röteln-Antikörper zu den Laboruntersuchungen.

707) Das CTG wird bereits ab der 12. SSW durchgeführt.

708) Der HBs-Antigen-Nachweis erfolgt bereits zu Beginn der Schwangerschaft.

709) Die Leistungen der Mutterschaftsvorsorge nach EBM dürfen nur einmal im Behandlungsfall abgerechnet werden.

710) Für die Abrechnung der Mutterschaftsvorsorge ist keine Genehmigung der KV erforderlich.

711) Bei reiner Vorsorge dürfen die Leistungen mit der gynäkologischen Grundpauschale kombiniert werden.

712) Pro Behandlungsfall können mehrere Vertragsärzte die Mutterschaftsvorsorge parallel abrechnen.

713) Nach GOÄ können Ultraschall, CTG und bestimmte Laboruntersuchungen separat abgerechnet werden.

714) Die Mutterschaftsvorsorge kann ausschließlich nach EBM abgerechnet werden, eine GOÄ-Abrechnung ist nicht möglich.

715) Es gibt insgesamt zehn Vorsorgeuntersuchungen (U1-U10) zur Kontrolle der kindlichen Entwicklung bis zum 6. Lebensjahr.

716) Das APGAR-Schema umfasst die Bereiche Atmung, Puls, Grundtonus, Aussehen und Reflexe.

717) Die Jugendgesundheitsuntersuchung (J1) findet mit 15-16 Jahren statt.

718) Jugendarbeitsschutzgesetzuntersuchungen werden vom 14.-16. Lebensjahr durchgeführt und über die gesetzliche Krankenversicherung abgerechnet.

719) Bei Jugendarbeitsschutzgesetzuntersuchungen sind eine Erst- und mindestens eine Folgeuntersuchung erforderlich, wobei der Kostenträger das Gewerbeaufsichtsamt ist.

Notfallmedizin und Erste Hilfe

Dieses Kapitel behandelt das lebenswichtige Notfallmanagement in der Arztpraxis. Du testest dein Wissen zur Notfallausrüstung, Reanimationsmaßnahmen und Erstversorgung bei verschiedenen Notfallsituationen wie Herzinfarkt, allergischen Reaktionen, Verbrennungen oder Vergiftungen.

Richtig oder falsch?

720) Die Notfallausrüstung sollte regelmäßig auf Vollständigkeit, Verfallsdatum und Funktionsfähigkeit überprüft werden.

721) Die vollständigen Inhalte des ärztlichen Notfallkoffers sind nach DIN 13232 geregelt.

722) Zur Notfallbeatmung gehören Beatmungsbeutel, Beatmungsmaske, Laryngoskop sowie Tracheal- und Guedel-Tuben.

723) Bei Herznotfällen werden ausschließlich Digitalis-Präparate als Notfallmedikamente eingesetzt.

724) Glukose 40% wird als Notfallmedikament bei Hypoglykämie verwendet.

725) Notfallmedikamente werden grundsätzlich nur als Tabletten zur oralen Gabe vorgehalten.

726) Zu den Herznotfall-Medikamenten gehören Adrenalin, Amiodaron, ASS und Atropin.

727) Bei allergischen Reaktionen werden Adrenalin, Antihistaminikum und Kortisonpräparate eingesetzt.

728) Bei Bewusstlosigkeit werden zuerst Puls (Halsschlagader) und Atmung überprüft.

729) Wenn Puls und Atmung vorhanden sind, wird die stabile Seitenlage angewendet.

730) Die Herzdruckmassage erfolgt mit einer Frequenz von 60-80 Kompressionen pro Minute.

731) Die Kompressionstiefe bei der Herzdruckmassage beträgt etwa 5-6 cm.

732) Das Verhältnis bei der Herz-Lungen-Wiederbelebung beträgt 15 Herzdruckmassagen zu 2 Beatmungen.

733) Wiederbelebungsmaßnahmen werden bis zum Eintreffen des Rettungsdienstes oder Einsetzen der Atmung durchgeführt.

734) Eine anaphylaktische Reaktion kann nach Kontrastmittelgabe oder Hyposensibilisierung auftreten.

735) Bei Luftnot werden die Atemwege freigemacht, Oberkörperhochlagerung durchgeführt und Frischluft zugeführt.

736) Die Schocklagerung wird bei allen Schockformen angewendet, auch beim kardiogenen Schock.

737) Kleinere Verbrennungen werden mit klarem, kaltem Wasser etwa 10-15 Minuten gekühlt.

738) Nach der Neuner-Regel entspricht die gesamte Handfläche etwa 9% der Körperoberfläche.

739) Bei Vergiftungen sollte grundsätzlich Erbrechen ausgelöst werden, um das Gift zu entfernen.

740) Verätzungen werden mit reichlich klarem Wasser gespült.

741) Bei bekannten Diabetikern und unklarer Bewusstlosigkeit wird sofort Glukose zugeführt.

742) Es gibt vier Hauptarten von Schock: hypovolämisch, distributiv, kardiogen und Obstruktionsschock.

Präventivmedizin und Gesundheitsförderung

Hier wird dein Wissen über Vorsorge und Gesundheitsschutz in all seinen Facetten geprüft. Die Aussagen testen deine Kenntnisse zu Frühererkennungsuntersuchungen, Schutzimpfungen, Arbeits- und Umweltschutz sowie Praxishygiene. Infektionskrankheiten nach IfSG, Qualitätssicherung im Labor und die richtige Aufbereitung von Medizinprodukten werden ebenso abgefragt.

Richtig oder falsch?

743) Primäre Prävention beugt der Entstehung von Krankheiten vor und soll die Gesundheit erhalten.

744) Sekundäre Prävention dient der Behandlung bereits bestehender Krankheiten.

745) Schutzimpfungen gehören zur primären Prävention.

746) Krebsfrüherkennungsuntersuchungen sind ein Beispiel für tertiäre Prävention.

747) Tertiäre Prävention soll bei bestehenden Krankheiten den Verlauf verbessern und Rückfälle vermeiden.

748) DMP (Disease Management Programme) gehören zur primären Prävention.

749) Der Check-up zur Früherkennung von Herz-Kreislauf-Erkrankungen und Diabetes mellitus wird zwischen dem 18. und 35. Lebensjahr einmalig angeboten.

750) Ab dem 20. Lebensjahr erfolgt bei Frauen jährlich eine Untersuchung zur Gebärmutterhalskrebs-Früherkennung.

751) Ab dem 35. Lebensjahr wird der Pap-Abstrich bei Frauen jährlich durchgeführt.

752) Die Mammografie-Screening zur Brustkrebsfrüherkennung erfolgt alle 2 Jahre bis zum 75. Lebensjahr.

753) Männer erhalten ab dem 50. Lebensjahr jährlich eine Prostatakrebs-Früherkennung.

754) Die Ultraschalluntersuchung auf Bauchaortenaneurysma wird bei Männern ab 65 Jahren einmalig durchgeführt.

755) Ab dem 35. Lebensjahr erfolgt der Check-up alle 2 Jahre.

756) Frauen im Alter von 20-34 Jahren erhalten jährlich einen Pap-Abstrich.

757) Ab dem 35. Lebensjahr erfolgt bei Frauen alle 3 Jahre ein Pap-Abstrich plus HPV-Test.

758) Die Brustkrebs-Früherkennung beginnt ab dem 30. Lebensjahr.

759) Männer erhalten ab dem 45. Lebensjahr jährlich eine Prostatakrebs-Früherkennung.

760) Der Hautkrebs-Check erfolgt ab dem 35. Lebensjahr alle 2 Jahre.

761) IGeL-Angebote sind individuelle Gesundheitsleistungen, die von der GKV übernommen werden.

762) Glaukomfrüherkennung ist ein Beispiel für IGeL-Angebote.

763) Reisemedizinische Beratungen gehören zu den IGeL-Angeboten.

764) Sporttauglichkeitsprüfungen sind IGeL-Leistungen.

765) IGeL-Angebote werden über EBM abgerechnet.

766) Die Abrechnung von IGeL-Leistungen erfolgt über GOÄ.

767) Bei der aktiven Impfung werden Antikörper (Immunglobuline) verabreicht.

768) Die passive Impfung bietet einen Sofortschutz, der nur wenige Wochen anhält.

769) Eine Grundimmunisierung besteht in der Regel aus drei Impfungen.

770) STIKO-empfohlene Schutzimpfungen gehören zu den Pflichtleistungen der GKV.

771) Die HPV-Impfung wird standardmäßig im 9.-14. Lebensjahr durchgeführt.

772) Erwachsene über 60 Jahre erhalten alle 2 Jahre eine Grippeimpfung.

773) Reiseschutzimpfungen sind grundsätzlich Ermessensleistungen der GKV.

774) Bei der GKV-Abrechnung werden Mehrfachimpfungen separat berechnet.

775) Impfleistungen belasten das Praxisbudget.

776) Der Zusatzbuchstabe „C" kennzeichnet eine Auffrischungsimpfung.

777) Bei der GOÄ-Abrechnung können Impffähigkeit und Mehrfachimpfungen gesondert berechnet werden.

778) Die Rotavirus-Impfung wird zwischen der 6.-12. Lebenswoche durchgeführt.

779) Aktive Impfungen stimulieren das körpereigene Immunsystem.

780) Passive Impfungen haben eine Wirkungsdauer von oft vielen Jahren.

781) Erwachsene über 60 Jahre erhalten jährlich eine Grippeimpfung.

782) Die Grundimmunisierung gegen Tetanus/Diphtherie/Pertussis erfolgt bis zum 11. Lebensmonat.

783) Das Arbeitsschutzgesetz ist eines der grundlegenden Gesetze für den Arbeitsschutz.

784) Das Infektionsschutzgesetz gehört zu den relevanten Arbeitsschutzgesetzen.

785) Die Biostoffverordnung ist eine verbindliche Verordnung im Arbeitsschutz.

786) TRBA/BGR250 regelt ausschließlich chemische Gefahrstoffe.

787) TRGS 525 befasst sich mit Gefahrstoffen.

788) Zusätzlich zu nationalen Gesetzen gibt es auch Empfehlungen und Verordnungen auf EU- und Länderebene.

789) Die Basis für den Umweltschutz bilden das Abfallentsorgungs- und Abfallvermeidungsgesetz sowie Laga-Richtlinien.

790) Laborabfälle müssen autoklaviert in den Hausmüll.

791) Altmedikamente können über die Schadstoffsammlung oder Apotheke entsorgt werden.

792) Kanülen und Skalpelle müssen in festen, verschlossenen Plastikdosen in den Restmüll.

793) Organe und Amputate müssen als Spezialmüll entsorgt werden.

794) Die Umsetzung des Umweltschutzes erfolgt über Hygieneplan und QM-Handbuch.

795) Der Hygieneplan regelt alle relevanten Bereiche der Praxishygiene wie Desinfektion, Sterilisation und Wechselturnus von Wäsche.

796) Desinfektionsmittel sollten grundsätzlich VAH-gelistet sein.

797) Sporozid bedeutet wirksam gegen Bakteriensporen.

798) Bei der hygienischen Händedesinfektion wird zuerst gewaschen, dann desinfiziert.

799) Die Autoklav-Sterilisation erfolgt bei 121°C für 20 Minuten oder bei 134°C für 5 Minuten.

Labortechnik und Medizingeräte

Dieses Kapitel behandelt die technische Ausstattung des Praxislabors. Du testest dein Wissen zu wichtigen Laborgeräten wie Zentrifuge, Mikroskop, Fotometer und verschiedenen Pipettenarten. Die sachgerechte Handhabung, Wartung und Qualitätskontrolle stehen ebenso im Fokus.

Richtig oder falsch?

800) Bei der Zentrifuge muss auf eine feste Standfläche geachtet werden.

801) Die Zentrifuge sollte ungleichmäßig beladen werden, um bessere Ergebnisse zu erzielen.

802) Der Deckel der Zentrifuge muss fest geschlossen sein.

803) Die Geschwindigkeit kann beliebig eingestellt werden, ohne auf die richtige Einstellung zu achten.

804) Eine regelmäßige Wartung der Zentrifuge ist erforderlich.

805) Die Zentrifuge muss gleichmäßig beladen werden.

806) Das Okular hat meist eine 10-fache Vergrößerung.

807) Mit dem Grob- und Feintrieb wird der Stativarm bewegt.

808) Der Kondensor liegt zwischen der Lichtquelle und dem Objekt.

809) Bei der Ölimmersion wird bei 40x-Objektiven Immersionsöl verwendet.

810) Man sollte mit der größten Vergrößerung beginnen.

811) Der Kreuztisch sollte zunächst unter Sicht bis 1-2 mm zum Okular gebracht werden.

812) Die Neubauer-Zählkammer dient zur Auszählung von Blutzellen.

813) Die Objektive haben meist eine 10-, 40- und 100-fache Vergrößerung.

814) Mit dem Grob- und Feintrieb lässt sich der Objekttisch auf und ab bewegen.

815) Das Ölimmersionsobjektiv wird nach Gebrauch mit etwas Alkohol gereinigt.

816) Bei der Ölimmersion wird bei den 100x-Objektiven ein Tropfen Immersionsöl verwendet.

817) Das Fotometer ist eine Labormethode zum Nachweis von Konzentrationen wie Blutzucker und Cholesterin.

818) Bei der Absorptionsfotometrie wird eine Küvette mit flüssiger Probe verwendet.

819) Bei der Reflexionsfotometrie befindet sich die Probe auf Teststreifen.

820) Das Reflotron misst Parameter durch Verfärbung von Teststreifen in 5-6 Minuten.

821) Der Fotodetektor wertet bei der Absorptionsfotometrie die Menge des ankommenden Lichts aus.

822) Für das Reflotron sind nur Kapillarblut geeignet.

823) Bei der Reflexionsfotometrie wird eine Ulbricht-Kugel als Reflektor verwendet.

824) Das Reflotron misst Parameter durch Verfärbung von Teststreifen in 2-3 Minuten.

825) IN-Pipetten haben eine Kapazität von 5-200 µl.

826) EX-Pipetten sind immer Einmalmaterial.

827) Vollpipetten haben keine Teilstriche.

828) Mit dem Mund pipettieren ist erlaubt.

829) Kolbenhubpipetten haben ein Volumen von 5-1000 µl.

830) Die Leukozytenpipette hat eine weiße Kugel.

831) Reagenzgläser werden z.B. für Urinsediment verwendet.

832) Petrischalen werden ausschließlich für Blutproben verwendet.

833) Petrischalen werden z.B. für mikrobiologische Nährböden verwendet.

Diagnostische Materialien

Hier wird dein Wissen über die korrekte Gewinnung und Verarbeitung von Untersuchungsmaterialien getestet. Die Aussagen prüfen deine Kenntnisse zu venöser und kapillarer Blutentnahme, Serum- und Plasmagewinnung sowie verschiedene andere Probenmaterialien. Präanalytische Faktoren, Abrechnungshinweise sowie die Qualitätssicherung werden abgefragt.

Richtig oder falsch?

834) Bei der venösen Blutentnahme sind Ellenbeuge und Handrücken geeignete Entnahmestellen.

835) Nach der Desinfektion darf die Haut noch einmal abgetastet werden.

836) EDTA-Röhrchen werden für Blutbild und HbA1c verwendet.

837) Hämolyse kann durch zu dünne Kanülen verursacht werden.

838) Bei der kapillaren Blutentnahme wird der erste Tropfen verwendet.

839) Kapillare Blutentnahme wird bei Kindern und Schwangeren angewendet.

840) Bei kapillarer Entnahme werden zuerst Röhrchen ohne Zusätze gefüllt.

841) Nach der Desinfektion darf die Haut nicht mehr abgetastet werden.

842) Vollblut für Blutkulturen wird als erstes entnommen.

843) Natrium-Citrat wird für die Plasmagewinnung zur Gerinnungsdiagnostik verwendet.

844) Die Stauung sollte während der gesamten Blutentnahme angelegt bleiben.

845) Hämolyse kann durch zu feste Stauung verursacht werden.

846) Natrium-Fluorid-Röhrchen werden für Blutzuckermessungen verwendet.

847) Nicht vollständig gefüllte Röhrchen können zu falschem Mischungsverhältnis führen.

848) Heparin wird für Vitaminbestimmungen verwendet.

849) Die Stauung muss während der gesamten Blutentnahme fest angelegt bleiben.

850) EDTA-Röhrchen werden als letztes in der Reihenfolge gefüllt.

851) Zu fester Sog bei der Blutentnahme kann Hämolyse verursachen.

852) Als Entnahmestelle eignet sich die seitliche Fingerkuppe von Ring- oder Mittelfinger.

853) Bei Säuglingen wird die Ferse als Entnahmestelle verwendet.

854) Der erste Tropfen sollte für die Probe verwendet werden.

855) Die Punktionsstelle kann vor der Desinfektion vorgewärmt werden.

856) Bei der Reihenfolge werden zuerst EDTA-Röhrchen gefüllt.

857) Röhrchen ohne Zusätze werden als erstes gefüllt.

858) Alkoholtupfer werden zur Punktionsstellenreinigung bei venöser Blutentnahme verwendet.

859) Der erste Tropfen wird trocken abgewischt.

860) Serum ist der wässrige Blutanteil ohne Gerinnungseiweiße.

861) Aus 7,5 ml Blut erhält man etwa die Hälfte Serum.

862) Serum muss ca. 60 Minuten stehend gerinnen.

863) Plasma und Serum sind identische Materialien.

864) Für die Plasmagewinnung wird bei 3000 g zentrifugiert.

865) Rötliches Serum deutet auf Hämolyse hin.

866) Enzyme im Serum sind bis zu zwei Wochen stabil.

867) Serum ist der wässrige Blutanteil ohne Fibrin und Fibrinogen.

868) Für die Serumgewinnung wird bei 2000 g für ca. 10-15 Min. zentrifugiert.

869) Das Blut muss ca. 30 Minuten stehend gerinnen.

870) Enzyme im Serum sind bis zu sechs Tagen stabil.

871) Rötliches Serum kann Messwerte für Kalium und Glukose verfälschen.

872) Dunkelgelbes Serum deutet auf erhöhte Blutfettwerte hin.

873) Weiß-milchiges Serum deutet auf stark erhöhte Blutfettwerte hin.

874) Dunkelgelbes (ikterisches) Serum hat einen hohen Bilirubingehalt.

875) Plasma ist der zellfreie, wässrige Anteil des Blutes mit Gerinnungsfaktoren.

876) Für die Plasmagewinnung werden Blutröhrchen mit Antikoagulans verwendet.

877) Bei der Plasmagewinnung wird bei 2000 g zentrifugiert.

878) Citrat und EDTA sind Beispiele für Gerinnungshemmer.

879) Plasma sollte frisch verarbeitet oder eingefroren werden.

Struktur des Gesundheitssystems

Dieses Kapitel gibt einen Überblick über die Struktur des deutschen Gesundheitssystems. Du testest dein Wissen zu verschiedenen Berufsgruppen, Standesvertretungen wie Ärztekammer und KV sowie zur ambulanten und stationären Versorgung.

Richtig oder falsch?

880) Ärzte benötigen ein Medizinstudium und eine Approbation.

881) Apotheker absolvieren ein Medizinstudium.

882) Heilpraktiker erhalten ihre Zulassung durch die Ärztekammer.

883) Ab 2023 gibt es den neuen Berufsabschluss „Pflegefachleute".

884) MTA gehören zu den therapeutisch-rehabilitativen Berufen.

885) Zusatzbezeichnungen für Ärzte können Diabetologie umfassen.

886) Medizinische Fachangestellte benötigen eine staatliche Approbation.

887) Physiotherapeuten gehören zu den therapeutisch-rehabilitativen Berufen.

888) Alle Gesundheitsberufe erfordern eine staatliche Prüfung.

889) Ergotherapeuten arbeiten in der Rehabilitation.

890) Logopäden behandeln nur Kinder.

891) MFA können eine Weiterbildung zur Praxismanagerin absolvieren.

892) Zahnmedizinische Fachangestellte arbeiten ausschließlich in Zahnarztpraxen.

893) Tiermedizinische Fachangestellte gehören zu den Gesundheitsberufen.

894) Alle Ärzte müssen eine Facharztausbildung absolvieren.

895) Die Ärztekammer regelt die Weiterbildungsordnung für Ärzte.

896) Apotheker absolvieren ein Pharmaziestudium.

897) Heilpraktiker erhalten ihre Zulassung durch das Gesundheitsamt.

898) MTA gehören zu den diagnostisch-technischen Berufen.

899) Naturheilverfahren ist eine mögliche Zusatzbezeichnung für Ärzte.

900) Die Ärztekammer ist staatlich beauftragt.

901) Ärzte sind freiwillige Mitglieder der Ärztekammer.

902) Die Kassenärztliche Vereinigung regelt die Abrechnung mit der GKV.

903) Die Ärztekammer führt Tarifverhandlungen für medizinische Fachberufe durch.

904) Die KV ist das Vertretungsorgan der Kassenärzte.

905) Der VMF legt die Ausbildungs- und Prüfungsordnung für MFA fest.

906) Die Ärztekammer überwacht die Einhaltung der Berufsordnung.

907) Jeder Arzt muss Mitglied einer Kassenärztlichen Vereinigung sein.

908) Die KV verwaltet die Zulassung zur vertragsärztlichen Versorgung.

909) Berufsverbände sind staatliche Organisationen.

910) Die Ärztekammer führt das Arztregister.

911) Die KV organisiert den ärztlichen Notdienst.

912) Berufsverbände vertreten wirtschaftliche Interessen ihrer Mitglieder.

913) Die Ärztekammer ist für die Abrechnung mit den Krankenkassen zuständig.

Arzt-Patient-Verhältnis

Hier werden deine Kenntnisse zu den rechtlichen Grundlagen der Arzt-Patienten-Beziehung getestet. Die Aussagen prüfen dein Wissen über das Zustandekommen und die Eigenschaften des Behandlungsvertrags, die Schweigepflicht mit ihren Ausnahmen sowie die Aufklärungspflicht.

Richtig oder falsch?

914) Die Schweigepflicht gilt über den Tod des Patienten hinaus.

915) Die Schweigepflicht umfasst nur medizinische Informationen.

916) Grundlagen der Schweigepflicht sind MBO-Ä und StGB.

917) Bei Kindern unter 16 Jahren dürfen Erziehungsberechtigte immer informiert werden.

918) Bei gesetzlicher Meldepflicht gibt es Ausnahmen von der Schweigepflicht.

919) Bei Bewusstlosigkeit wird eine Patienteneinwilligung vermutet.

920) Die Schweigepflicht gilt nur während der aktiven Behandlung.

921) Bei Kindern unter 14 Jahren können Erziehungsberechtigte informiert werden.

922) Begleitpersonen dürfen niemals über den Gesundheitszustand informiert werden.

923) Die Aufklärungspflicht basiert auf dem Selbstbestimmungsrecht der Patienten.

924) Patienten können ihre Einwilligung jederzeit widerrufen.

925) Therapeutische Aufklärung umfasst beispielsweise Verhaltensregeln.

926) Selbstbestimmungsaufklärung beinhaltet Art und Umfang der Behandlung.

927) Die Aufklärung kann nur mündlich erfolgen.

928) Bei Kindern unter 14 Jahren ist die Zustimmung beider Eltern erforderlich.

929) Bei Jugendlichen zwischen 14-18 Jahren entscheidet ausschließlich der Patient.

930) Bei Bewusstlosigkeit wird eine Einwilligung vermutet.

931) Ein Verzicht auf Aufklärung muss dokumentiert werden.

932) Die Grundlage bildet das Recht auf Leben und körperliche Unversehrtheit.

933) Bei Jugendlichen zwischen 14-18 Jahren liegt die Entscheidung im Arztermessen.

934) Aufklärung ist nur bei invasiven Eingriffen erforderlich.

935) Der Behandlungsvertrag ist ein Dienstvertrag.

936) Ein Behandlungsvertrag kommt durch schlüssige Handlung zustande.

Finanzierung im Gesundheitswesen

Dieses Kapitel behandelt die Finanzierung im Gesundheitswesen. Du testest dein Wissen beispielsweise zu gesetzlichen und privaten Krankenversicherungen, dem Einheitlichen Bewertungsmaßstab (EBM) und der Gebührenordnung für Ärzte (GOÄ).

Richtig oder falsch?

937) Pflichtversichert sind alle Arbeitnehmenden mit einem Einkommen über 450,00 € aber unter der Pflichtgrenze.

938) Studierende ab dem 15. Semester oder 30. Lebensjahr können sich freiwillig versichern.

939) Der Versicherungsstatus eines Familienangehörigen wird auf der KV-Karte mit der Ziffer 5 gekennzeichnet.

940) Die elektronische Gesundheitskarte (eGK) übermittelt den Versicherungsstatus verdeckt.

941) Die Finanzierung der GKV erfolgt zu 14,6% plus Zusatzbeitrag, wobei Arbeitnehmer und Arbeitgeber jeweils die Hälfte tragen.

942) Alle Beiträge fließen direkt an die jeweiligen Krankenkassen ohne Umweg über den Gesundheitsfonds.

943) Primärkassen umfassen unter anderem AOKs, BKKs und die Knappschaft.

944) Ersatzkassen gehören alle zum vdek.

945) Land- und Forstwirte sind in der Regel pflichtversichert in der GKV.

946) Familienangehörige mit eigenem Einkommen können trotzdem familienversichert sein.

947) Auf der Versicherungskarte sind nur Name und Geburtsdatum eingetragen.

948) Der Versicherungsstatus 1 kennzeichnet ein Mitglied der Krankenkasse.

949) Rentner erhalten den Versicherungsstatus 3 auf ihrer Krankenversicherungskarte.

950) Selbstständige können sich nur privat krankenversichern.

951) Beamte und Pensionäre können sich freiwillig in der GKV versichern.

952) Künstler und Publizisten sind meist über die Künstlersozialkasse pflichtversichert.

953) Familienversicherung erfordert immer einen eigenen Beitrag.

954) Auszubildende sind grundsätzlich pflichtversichert.

955) Die Leistungen der GKV werden vom Gemeinsamen Bundesausschuss (GBA) beschlossen und im Leistungskatalog festgelegt.

956) Es gibt sowohl Pflichtleistungen als auch Ermessensleistungen in der GKV.

957) Die meisten GKV-Leistungen sind Geldleistungen.

958) Geldleistungen der GKV umfassen alle Behandlungskosten.

959) Die Belastungsgrenze für Zuzahlungen beträgt 2% des Bruttoeinkommens bzw. 1% bei chronisch Kranken.

960) Die Erstattung homöopathischer Arzneien gehört zu den Pflichtleistungen der GKV.

961) Die meisten GKV-Leistungen sind Sach- oder Dienstleistungen.

962) Zu den Pflichtleistungen gehören nur Behandlung und Reha.

963) Vertragsärzte sind niedergelassene Ärzte mit Zulassung der Kassenärztlichen Vereinigung (KV).

964) Ärzte mit Ermächtigung sind Krankenhausärzte mit beschränkter Erlaubnis der KV.

965) Belegärzte sind Krankenhausärzte mit eigenen Betten im Krankenhaus.

966) Das kassenärztliche Versorgungsmodell wird auch als Dreieckmodell bezeichnet.

967) Medizinische Versorgungszentren (MVZ) gehören zur stationären Versorgung.

968) Integrierte Versorgung bedeutet ausschließlich fachübergreifende Behandlung.

969) Belegärzte sind Vertragsärzte mit Belegbetten im Krankenhaus.

970) Integrierte Versorgung ist sektoren- und fachübergreifend.

971) Ein Behandlungsfall nach EBM bezieht sich auf alle Behandlungen eines Patienten innerhalb eines Quartals in derselben Arztpraxis.

972) Ein Krankheitsfall endet automatisch mit dem Quartalsende.

973) Der Arztfall bezieht sich nur auf ambulante Behandlungen.

974) Persönlicher Arzt-Patienten-Kontakt erfordert „face-to-face" Kommunikation.

975) Ein Betriebsstättenfall betrifft nur Behandlungen durch einen einzigen Arzt.

976) Sonstige Kostenträger im EBM sind ausschließlich gesetzliche Krankenkassen.

977) Ein Krankheitsfall umschließt das aktuelle und die drei folgenden Quartale.

978) Der EBM dient der Monatsabrechnung mit gesetzlichen KVs.

979) Zu den sonstigen Kostenträgern nach EBM gehören Bundeswehr, Polizei und Postbeamte A.

980) Die GOÄ ist die Abrechnungsgrundlage für privatärztliche Leistungen.

981) Der Einfachsatz der GOÄ entspricht einem Punktwert von 0,0582873 €, der mit der Punktzahl der Leistung multipliziert wird.

982) Die GOÄ darf nur bei gesetzlich Versicherten mit Nachweis angewendet werden.

983) Der Höchstsatz in der GOÄ darf ohne Begründung überschritten werden.

984) Begründungen für einen Steigerungssatz können u. a. Zeitaufwand und Erschwernisse beim Leistungserbringen sein.

985) Der Regelsatz der GOÄ gilt u. a. für Privatpatienten, IGeL-Leistungen und Patienten ohne Versicherungsnachweis.

986) Die GOZ ist die Gebührenordnung für Zahnärzte analog zur GOÄ.

987) Bei Überschreitung des Höchstsatzes ist eine Abdingung erforderlich.

988) Laborleistungen haben den niedrigsten Schwellenwert in der GOÄ.

989) Ein Behandlungsfall nach GOÄ dauert bis zu einem Monat nach der ersten Inanspruchnahme.

990) Untersuchungen nach dem JArbSchG werden mit Regelsatz abgerechnet.

991) Bundesbahn- und Postbeamten können nach GOÄ abgerechnet werden.

992) Die UV-GOÄ ist das Leistungsverzeichnis zwischen der Kassenärztlichen Bundesvereinigung und den Unfallversicherungsträgern für Arbeits- und Wegeunfälle.

993) GOP steht für „Gebührenordnung für Patienten" und gilt für alle Arztpraxen.

Dokumentation und Verwaltung

Hier wird dein Wissen über das komplexe Formularwesen der medizinischen Praxis getestet. Die Aussagen prüfen deine Kenntnisse beispielsweise zu wichtigen Vordrucken von der AU-Bescheinigung über Überweisungsscheine bis hin zu Heilmittelverordnungen.

Richtig oder falsch?

994) Vordrucke nach Bundesmantelvertrag gelten für die GKV, bei Unfällen gibt es separate UV-Vordrucke.

995) Alle Mustervordrucke enthalten ein Personalienfeld mit Patientenstammdaten.

996) Mustervordruck 1 ist für AU-Bescheinigungen und ab der 7. Woche auch für Krankengeld zuständig.

997) Eine Erstbescheinigung darf maximal fünf Tage rückdatiert werden.

998) Bei Folgebescheinigungen muss das Beginn-AU-Feld immer ausgefüllt werden.

999) Das Feststellungsdatum darf niemals umdatiert werden.

1000) Telefon-AU ist bis zu 10 Arbeitstage möglich.

1001) Bei eAU müssen Arbeitgeber die AU-Bescheinigung direkt bei der Praxis anfordern.

1002) Mustervordruck 2 wird für Krankenhausbehandlungen verwendet.

1003) Die Zuzahlung für Patienten im Krankenhaus beträgt 15,00 € pro Tag für maximal 30 Tage im Jahr.

1004) Mustervordruck 5 hat drei Teile: A für GKV, B für Krankenhausarzt, C für ausstellenden Arzt.

1005) Mustervordruck 6 ist der Laborschein.

1006) Bei einer Auftragsleistung dürfen nur konkret angeforderte Leistungen erbracht werden.

1007) Bei einer Konsiliaruntersuchung entscheidet der überweisende Arzt, welche Leistungen erbracht werden.

1008) Mit-/Weiterbehandlung umfasst auch ambulante Operationen.

1009) Mustervordrucke 8 und 8a betreffen Sehhilfen bis zum 21. Lebensjahr.

1010) Nach dem 18. Lebensjahr werden Sehhilfen nur bei schweren Beeinträchtigungen übernommen.

1011) Mustervordruck 10 wird für Überweisungen verwendet.

1012) Mustervordruck 10A ist der Identifikationsteil für Laboruntersuchungen.

1013) Der Laborarzt darf alle medizinisch sinnvollen Leistungen erbringen.

1014) Mustervordruck 13 ist die Heilmittelverordnung nur für Physiotherapie.

1015) Ein Verordnungsfall umfasst alle Heilmittelbehandlungen mit derselben Diagnose und Diagnosegruppe.

1016) Ein neuer Verordnungsfall entsteht nach verordnungsfreier Zeit von zwölf Monaten.

1017) Die orientierende Behandlungsmenge gilt nicht für Podologie und Ernährungstherapie.

1018) Der Behandlungsbeginn bei Heilmitteln beträgt einheitlich 21 Tage, bei Dringlichkeit 7 Tage.

1019) Mustervordruck 15 betrifft Hörhilfen.

1020) Mustervordruck 16 ist für Arznei- und allgemeine Hilfsmittel (eRezept).

1021) Auf Mustervordruck 16 können maximal fünf Arznei- und Verbandmittel verordnet werden.

1022) BtM-Arzneimittel können auf dem normalen Mustervordruck 16 verordnet werden.

1023) Das Aut-idem-Feld verhindert den Austausch mit gleichwertigen Arzneimitteln.

1024) Mustervordruck 16A ist für Sprechstundenbedarf wie Verbandmittel und Impfstoffe.

1025) Sprechstundenbedarf kann mehrmals pro Quartal verordnet werden.

1026) Die Zuzahlung für Arzneimittel beträgt 5%, mindestens 5,00 €, maximal 15,00 €.

1027) Kinder unter 18 Jahren sind von Zuzahlungen befreit.

1028) Die Notdienstgebühr beträgt 5,00 € oder wird durch einen „noctu"-Vermerk gekennzeichnet.

1029) Mustervordruck 19 wird für Notfallvertretung verwendet.

1030) Mustervordruck 19 hat drei Teile: A für KV-Abrechnung, B für weiterbehandelnden Arzt, C für ausstellenden Arzt.

1031) Bei Arbeitsunfällen ist auf Mustervordruck 1 eine D-Arzt-Überweisung möglich.

1032) Bei Rezepturen können mehrere Rezepturen auf der Vorder- und Rückseite verordnet werden.

1033) Bei Hilfsmitteln muss im Gegensatz zu Arzneimitteln eine Diagnose angegeben werden.

1034) BG-Unfälle sind von Zuzahlungen befreit.

1035) Eine Erstbescheinigung darf maximal drei Tage rückdatiert werden, nur in Ausnahmefällen.

1036) Bei eAU erhalten Patienten einen Ausdruck für sich.

1037) Mustervordruck 5 ist für den Abrechnungsschein ambulante Behandlung.

1038) Bei Konsiliaruntersuchungen sind therapeutische Maßnahmen erlaubt.

1039) Mustervordruck 10A wird für Laborgemeinschaften verwendet.

1040) Die orientierende Behandlungsmenge ist indikationsbezogen im Heilmittelkatalog vorgegeben.

1041) Langfristiger Heilmittelbedarf ermöglicht Verordnungen mit Behandlungsdauer bis zu zwölf Wochen.

1042) Elektrotherapie kann isoliert verordnet werden, soweit im Heilmittelkatalog vorgesehen.

1043) Bei Arzneimitteln ist im Gegensatz zu Hilfsmitteln keine Diagnose erforderlich.

1044) Das Aut-idem-Feld ermöglicht den Austausch mit gleichwertigen Arzneimitteln.

1045) Sprechstundenbedarf wird in Feld 9 verordnet.

1046) Zuzahlungen sind in Zusammenhang mit Schwangerschaftsbeschwerden befreit.

1047) Mustervordruck 19 betrifft ärztlichen Notfalldienst und Urlaubs-/Krankheitsvertretung.

1048) Bei Heilmitteln gilt die orientierende Behandlungsmenge für alle Bereiche einschließlich Podologie.

1049) Ein neuer Verordnungsfall kann auch durch Arztwechsel entstehen.

1050) Härtefälle sind von Zuzahlungen bei Arzneimitteln befreit.

Berufskunde MFA

Dieses Kapitel behandelt alle Aspekte des Arbeitslebens einer MFA. Du testest dein Wissen zu Bewerbungsverfahren, Arbeitsverträgen und den Besonderheiten der Berufsausbildung im dualen System. Das Jugendarbeitsschutzgesetz, Pflichten von Arbeitgebern und Arbeitnehmern sowie verschiedene Kündigungsarten und -fristen werden abgefragt.

Richtig oder falsch?

1051) Das duale System der Berufsausbildung kombiniert betriebliche Praxis mit schulischer Theorie.

1052) Auszubildende können nach der Probezeit nur aus besonderen Gründen fristlos kündigen.

1053) Das Jugendarbeitsschutzgesetz betrifft Jugendliche vom 15. bis 18. Lebensjahr.

1054) Jugendliche dürfen maximal 10 Stunden am Tag arbeiten, inklusive Pausen.

1055) Jugendliche dürfen maximal 6 Stunden täglich und 30 Stunden wöchentlich arbeiten.

1056) Die Schichtzeit bei Jugendlichen darf maximal 12 Stunden betragen.

1057) Jugendliche müssen eine ununterbrochene Freizeit von mindestens 10 Stunden haben.

1058) Die Arbeitszeit für Jugendlichen liegt zwischen 8 und 22 Uhr.

1059) Jugendliche müssen nach spätestens 6 Stunden eine Ruhepause einlegen.

1060) Urlaub für Jugendliche bis 16 Jahre beträgt mindestens 30 Werktage.

1061) Jugendliche von 16 bis 18 Jahren haben mindestens 25 Werktage Urlaub.

1062) Eine ärztliche Eintrittsuntersuchung ist für Jugendliche nicht erforderlich.

1063) Jugendliche dürfen grundsätzlich an Wochenenden arbeiten.

1064) In Krankenhäusern und Pflegeheimen gibt es Ausnahmen für Jugendarbeit an Wochenenden.

1065) Auszubildende können durch den Arbeitgeber jederzeit ohne Grund gekündigt werden.

1066) Nach vier Wochen Frist können Auszubildende kündigen.

1067) Arbeitnehmer haben eine Arbeitspflicht, Gehorsamspflicht und Sorgfaltspflicht.

1068) Zur Treuepflicht gehört das Bewahren von Betriebsgeheimnissen.

1069) Arbeitnehmer dürfen gleichzeitig für die Konkurrenz arbeiten.

1070) Arbeitgeber haben nur eine Zahlungspflicht, aber keine Beschäftigungspflicht.

1071) Die Fürsorgepflicht umfasst nur den Gesundheitsschutz.

1072) Arbeitgeber müssen ein Arbeitszeugnis ausstellen.

1073) Auszubildende haben zusätzlich eine Lernpflicht und müssen regelmäßig die Schule besuchen.

1074) Das Führen eines Berichtsheftes ist für Auszubildende optional.

1075) Arbeitgeber müssen Ausbildungsmittel zur Verfügung stellen.

1076) Eine Kündigung kann mündlich oder schriftlich erfolgen.

1077) Während der Probezeit beträgt die Kündigungsfrist vier Wochen.

1078) Bei einer fristlosen Kündigung muss ein wichtiger Grund vorliegen.

1079) Arbeitnehmer müssen bei einer Kündigung einen Grund angeben.

1080) Ein Aufhebungsvertrag kann das Arbeitsverhältnis ohne Kündigungsfrist beenden.

1081) Ordentliche Kündigung durch den Arbeitgeber erfordert anerkannte Kündigungsgründe.

1082) Kündigungsgründe können in der Person, im Verhalten oder betrieblicher Natur liegen.

1083) Bei Verhaltensgründen ist eine Abmahnung nicht erforderlich.

1084) Betriebsbedingte Kündigungen müssen sozial gerecht sein.

1085) Außerordentliche Kündigungen sind bei geringfügigen Verstößen möglich.

1086) Besonderer Kündigungsschutz besteht für Schwangere und Schwerbehinderte.

1087) Die Kündigungsfrist für Arbeitnehmer beträgt einheitlich vier Wochen zum 15. oder Monatsende.

1088) Nach zwei Jahren Betriebszugehörigkeit verlängert sich die Kündigungsfrist für Arbeitgeber auf drei Monate.

1089) Nach fünf Jahren Betriebszugehörigkeit beträgt die Kündigungsfrist vier Monate.

1090) Nach 20 Jahren Betriebszugehörigkeit beträgt die Kündigungsfrist sieben Monate.

1091) Während der Probezeit kann mit einer Frist von einer Woche gekündigt werden.

1092) Fortbildung umfasst nur längere Qualifizierungsmaßnahmen.

1093) Weiterbildung ist meist länger und führt zu einer beruflichen Qualifizierung.

1094) Gründe für berufliche Entwicklung können Karriere, Allergien oder Unzufriedenheit sein.

1095) Ein Betriebsrat kann in Betrieben mit mehr als zehn Arbeitnehmern über 16 Jahre gewählt werden.

1096) Die Amtszeit eines Betriebsrats beträgt vier Jahre.

Vergütung und Arbeitsrecht

Hier werden deine Kenntnisse zu allen finanziellen Aspekten des Arbeitsverhältnisses getestet. Die Aussagen prüfen dein Wissen über verschiedene Lohnformen, das Paritätsprinzip bei Sozialversicherungen und die Berechnung von Brutto- zu Nettolohn. Steuern, private Altersvorsorge und die verschiedenen Sozialversicherungszweige stehen im Mittelpunkt.

Richtig oder falsch?

1097) Zeitlohn wird unabhängig von der erbrachten Leistung gezahlt und basiert auf der geleisteten Arbeitszeit.

1098) Akkordlohn bemisst sich nach der Qualität der Arbeit, nicht nach der Menge.

1099) Prämienlohn umfasst nur leistungsabhängige Zuschläge ohne Grundentgelt.

1100) Der Zeitlohn ist besonders geeignet für Tätigkeiten mit gut messbarer Leistung und klaren Stückzahlen.

1101) Leistungslohnarten fördern grundsätzlich nicht die Produktivität.

1102) Beim Akkordlohn muss die Akkordgrundzeit nicht bekannt sein, da nur die Stückzahl zählt.

1103) Akkordlohn wird hauptsächlich im Produktionsbereich eingesetzt.

1104) Prämienlohn kann auch Gehaltsanteile in Form von Beteiligungen umfassen.

1105) Man unterscheidet grundsätzlich zwischen Lohn für Arbeitende und Gehalt für Angestellte.

1106) Prämienlohn wird nur für Umsatzergebnisse gewährt.

1107) Akkordlohn ist ein Entgelt nach Arbeitszeit.

1108) Der Arbeitgeber zahlt den vollen Beitrag zur gesetzlichen Unfallversicherung allein.

1109) Krankenversicherungsbeiträge werden zu gleichen Teilen von Arbeitgeber und Arbeitnehmer übernommen.

1110) Der Arbeitgeberanteil zur Pflegeversicherung variiert je nach Kinderanzahl des Arbeitnehmers.

1111) Bei mehr als fünf Kindern sinkt der Arbeitnehmeranteil zur Pflegeversicherung auf 0,7 %.

1112) Die Lohnsteuer wird nach einem einheitlichen Steuersatz berechnet.

1113) Private Altersvorsorge wird generell nicht staatlich gefördert, da sie außerhalb des Sozialversicherungssystems liegt.

1114) Beiträge zur Unfallversicherung werden paritätisch geteilt.

1115) Das Paritätsprinzip bedeutet, dass sich Arbeitgeber und Arbeitnehmer die Sozialversicherungsbeiträge grundsätzlich teilen.

1116) Der Arbeitgeber zahlt 7,3 % zur Krankenversicherung, der Arbeitnehmer trägt den gleichen Anteil inklusive Zusatzbeitrag.

1117) Die Pflegeversicherung ist Teil der privaten Altersvorsorge.

1118) Private Altersvorsorge ersetzt automatisch die gesetzliche Rentenversicherung.

1119) Riester-Verträge zählen zur staatlich geförderten privaten Altersvorsorge.

1120) Die Ausnahme beim Paritätsprinzip gilt für die Krankenversicherung.

1121) Die Lohnsteuer ist eine eigenständige Steuerart.

1122) Der Lohnsteuerabzug richtet sich nach dem Jahreseinkommen.

1123) Die Lohnsteuer wird pauschal mit 15 % erhoben, unabhängig vom Einkommen.

1124) Ab 2025 gilt für Ledige ein Steuerfreibetrag von 15.000 €.

1125) Der Arbeitgeber ist gesetzlich verpflichtet, die Lohnsteuer direkt vom Bruttolohn einzubehalten und ans Finanzamt abzuführen.

1126) Die Lohnsteuer fällt nur für Selbstständige an.

1127) Ab 2026 ist der Grundfreibetrag für Ledige 12.336 €.

1128) Der Spitzensteuersatz von 45% gilt ab einem Jahreseinkommen von 277.826 €.

1129) Das Steuersystem in Deutschland ist proportional aufgebaut.

1130) Der Eingangssteuersatz beträgt 14% und gilt nach dem Grundfreibetrag.

Patientenkommunikation

Dieses Kapitel behandelt die professionelle Kommunikation in der Arztpraxis. Du testest dein Wissen zu Telefongesprächen, dem Umgang mit besonderen Patientengruppen und Konfliktmanagement. Häufige Kommunikationsfehler, der Umgang mit Aggression und die Durchführung effektiver Teambesprechungen werden ebenso behandelt wie Deeskalationsstrategien.

Richtig oder falsch?

1131) Es ist unprofessionell, während eines Gesprächs Notizen zu machen.

1132) Rückrufe sollten spätestens am nächsten Werktag erfolgen.

1133) Das Abnehmen eines dienstlichen Telefons mit „Ja?" ist im beruflichen Kontext völlig akzeptabel.

1134) Der Einsatz von Höflichkeitsformeln wie „Guten Tag" oder „Auf Wiederhören" gehört zur telefonischen Etikette.

1135) Bei Unsicherheit in einem Gespräch sollte man das Gespräch einfach beenden.

1136) Die Gesprächsnotiz kann bei wichtigen Telefonaten helfen, Informationen korrekt weiterzugeben.

1137) Man sollte sich mit vollem Praxisnamen und eigenem Namen am Telefon melden.

1138) Parallel zu Telefonaten sollten keine anderen Gespräche geführt werden.

1139) Vorbereitung mit Bestellnummer oder Patientenakte kann hilfreich sein.

1140) Handlungsbedarf sollte bei Telefonnotizen festgelegt werden.

1141) Bei Telefonnotizen genügt es, nur den Namen des Anrufers zu vermerken.

1142) Die Filterfunktion der MFA beinhaltet die Entscheidung über Dringlichkeit von Anliegen.

1143) Diskretion und Verschwiegenheit sind in medizinischen und verwaltenden Berufen besonders wichtig.

1144) Gute Teamarbeit ist bei besonderen Anforderungen eher hinderlich, da eigenständiges Arbeiten im Vordergrund steht.

1145) Belastbarkeit ist eine Schlüsselkompetenz im Umgang mit emotional fordernden Situationen.

1146) Kommunikationsfähigkeit spielt bei besonderen beruflichen Anforderungen nur eine untergeordnete Rolle.

1147) Flexibilität ist besonders in wechselnden Arbeitsumgebungen oder bei unregelmäßigen Arbeitszeiten wichtig.

1148) Sorgfalt und Genauigkeit sind nur bei technischen Berufen gefragt, bei Verwaltungsaufgaben jedoch weniger relevant.

1149) Die Fähigkeit, auch unter Stress freundlich zu bleiben, zählt zu den sozialen Kompetenzen bei besonderen Anforderungen.

1150) Bei Kindern sollten kurze Wartezeiten eingeplant werden.

1151) Situationen sollten kindgerecht erklärt werden.

1152) Moralisieren und Vorhaltungen sind häufige Fehler in der Gesprächsführung.

1153) Anklagen wie „Warum haben Sie nicht aufgepasst?" sollten vermieden werden.

1154) Bagatellisieren mit Aussagen wie „Stellen Sie sich nicht so an!" ist unangemessen.

1155) Bei geistig behinderten Menschen sind längere Wartezeiten kein Problem.

1156) Patienten mit Sucht erfordern keine besondere Aufmerksamkeit.

1157) Monologe zu halten und das Gegenüber nicht zu Wort kommen zu lassen ist ein häufiger Gesprächsführungsfehler.

1158) Es ist besser, Konflikte zu ignorieren, da sie sich oft von selbst lösen.

1159) Aktives Zuhören ist eine hilfreiche Methode zur Deeskalation von Konflikten.

1160) Schuldzuweisungen fördern ein konstruktives Konfliktgespräch.

1161) In einem sachlichen Konfliktgespräch sollten Ich-Botschaften anstelle von Du-Vorwürfen verwendet werden.

1162) Eine neutrale Moderation kann bei schwerwiegenden Konflikten helfen, zu einer Lösung zu kommen.

1163) Konfliktgespräche sollten möglichst in Gegenwart des gesamten Teams geführt werden, um Transparenz zu schaffen.

1164) Bei Angst und Sorge sollten Vorgänge ruhig und sachlich erklärt werden.

1165) Leere Versprechungen sollten bei ängstlichen Patienten vermieden werden.

1166) Bei Panikattacken sollten sich Patienten auf ihre Atmung konzentrieren.

1167) Innere Konflikte entstehen im Denken einer Person.

1168) Äußere Konflikte sind zwischenmenschliche Interessenskonflikte.

1169) Bei aggressiven Patienten sollte an Verständnis appelliert werden.

1170) Innere Konflikte entstehen im Denken einer Person.

1171) Regelmäßige Teambesprechungen stärken das Wir-Gefühl und verbessern die Kommunikation im Arbeitsalltag.

1172) Eine strukturierte Tagesordnung trägt zum Erfolg einer Teambesprechung bei.

1173) Während einer Teambesprechung sollten möglichst viele Gespräche gleichzeitig stattfinden, um Zeit zu sparen.

1174) Teambesprechungen fördern den Informationsaustausch und die Zusammenarbeit im Team.

1175) Kritik an Kollegen sollte grundsätzlich nur in Einzelgesprächen geäußert werden, nie in Teambesprechungen.

1176) Eine gut moderierte Teambesprechung ermöglicht es, Probleme frühzeitig zu erkennen und gemeinsam Lösungen zu erarbeiten.

1177) Protokolle sind bei Teambesprechungen überflüssig, da alle Beteiligten sich die besprochenen Punkte merken können.

Praxismanagement

Hier wird dein Wissen über die effiziente Organisation der Arztpraxis getestet. Die Aussagen prüfen deine Kenntnisse zu räumlichen Strukturen, verschiedene Terminplanungsformen und Kriterien für die Terminvergabe. Qualitätsmanagement, Praxismarketing und wichtige Begriffe aus der Arbeitswelt wie Work-Life-Balance und Ergonomie werden abgefragt.

Richtig oder falsch?

1178) Eine Praxis gliedert sich in öffentliche, Behandlungs- und interne Bereiche.

1179) Der öffentliche Bereich umfasst beispielsweise die Anmeldung.

1180) Behandlungsbereiche sind zum Beispiel Untersuchungszimmer und Röntgen.

1181) Der interne Bereich umfasst beispielsweise Pausenraum und Büro.

1182) Alle Bereiche einer Praxis sollten für Patienten frei zugänglich sein.

1183) Eine klare Aufteilung der Funktionsbereiche sorgt für kurze Wege.

1184) Die räumliche Optimierung hat keinen Einfluss auf die Arbeitsabläufe.

1185) Die Terminsprechstunde ist ein Bestellsystem mit Zeitfenstern.

1186) Terminsprechstunden ermöglichen eine gleichmäßige Auslastung.

1187) Terminsprechstunden ermöglichen die Planbarkeit des Personalbedarfs.

1188) Bei der Terminsprechstunde erfolgt die Behandlung in der Reihenfolge der Termine.

1189) Terminsprechstunden führen zu kurzen Wartezeiten.

1190) Terminsprechstunden sind für alle Praxisarten gleich gut geeignet.

1191) Bei der offenen Sprechstunde können Patienten ohne Anmeldung kommen.

1192) Offene Sprechstunden führen zu wenig Planungsaufwand.

1193) Offene Sprechstunden können zu langen Wartezeiten führen.

1194) Die halboffene Sprechstunde ist eine Mischung aus Terminvergabe und offenen Zeiten.

1195) Halboffene Sprechstunden sind praktisch für Berufstätige.

1196) Halboffene Sprechstunden haben keine Nachteile.

1197) Die Vergabe erfolgt nach Dringlichkeit und Art der Beschwerden.

1198) Zeitfenster sollten nach der jeweiligen Situation angepasst werden.

1199) Für Kinder sollte mehr Zeit eingeplant werden.

1200) Zeitpuffer für Notfälle und akute Anliegen sollten eingeplant werden.

1201) Zeit für Routinetätigkeiten wie Hygienearbeiten sollte eingeplant werden.

1202) Kurze und lange Termine sollten im Wechsel vergeben werden.

1203) Spezialuntersuchungen sollten gebündelt werden.

1204) Terminpatienten haben immer Vorrang vor allen anderen.

1205) Medizinische Notfälle sind eine Ausnahme beim Vorrang von Terminpatienten.

1206) Bei der Terminvergabe sollten alle Patienten gleich behandelt werden, unabhängig von der Dringlichkeit.

1207) Vor- und Zunamen sollten im Terminplan eingetragen werden.

1208) Die Art der Behandlung sollte im Terminplan vermerkt werden.

1209) Bei manueller Planung sollte mit Bleistift geschrieben werden.

1210) EDV-gestützte Systeme können Puffer voreingestellt werden.

1211) EDV-Systeme ermöglichen unterschiedliche Ansichten und Ausdrucke.

1212) Eine strukturierte Terminplanung ist für den Praxiserfolg unwichtig.

1213) Gute Einarbeitung trägt zur Optimierung bei.

1214) Stellenbeschreibungen helfen bei der Arbeitsorganisation.

1215) Klare Arbeitsteilung sorgt dafür, dass jeder seine Aufgaben kennt.

1216) Einsatzpläne können tage- oder wochenweise erstellt werden.

1217) Urlaubsplanung sollte die maximale Anzahl gleichzeitiger Abwesenheit berücksichtigen.

1218) Vertretungspläne sind für Urlaub und Krankheit wichtig.

1219) Regelmäßige Teambesprechungen fördern die Kommunikation.

1220) Die Filterfunktion umfasst die Weitergabe dringlicher Nachrichten.

1221) Zeitdiebe sollten erkannt und minimiert werden.

1222) Das Bündeln gleichartiger Tätigkeiten kann Zeit sparen.

1223) Delegation ist ein Mittel zur Arbeitsoptimierung.

1224) EDV-Unterstützung kann Praxisabläufe verbessern.

1225) Checklisten erleichtern Routinetätigkeiten.

1226) Desinfektionspläne sind ein Beispiel für hilfreiche Checklisten.

1227) Verbesserungsvorschläge sollten grundsätzlich abgelehnt werden.

1228) Optimierung ist ein einmaliger Vorgang.

1229) Ein QM-System dient gesetzlichen Vorgaben.

1230) QM-Systeme fördern die Beschäftigtenzufriedenheit.

1231) Fehlerminimierung ist ein Ziel von QM-Systemen.

1232) QM-Systeme steigern die Patientenzufriedenheit.

1233) QM-Systeme haben nur Vorteile und keine Nachteile.

1234) Das QM-Handbuch dient der Beschreibung und Standardisierung aller Maßnahmen.

1235) Das QM-Handbuch sichert eine stabile Qualität.

1236) Praxisinformationen können Teil des QM-Handbuchs sein.

1237) Arbeitsanweisungen gehören zu den QM-Dokumenten.

1238) Musterdokumente sind Teil der QM-Dokumentation.

1239) Checklisten gehören zu den QM-Dokumenten.

1240) Das QM-Handbuch ist nur für große Praxen erforderlich.

1241) Spezielle Ausrichtung kann zur Patientengewinnung beitragen.

1242) Zusatzangebote wie Naturheilverfahren können Patienten binden.

1243) Besondere Parkplätze können ein Marketinginstrument sein.

1244) Verlängerte Sprechzeiten können zur Patientenbindung beitragen.

1245) Das Erscheinungsbild der Räumlichkeiten ist für das Marketing unwichtig.

1246) Freundliche und kompetente Mitarbeitende tragen zum Praxismarketing bei.

1247) Recall dient der automatischen Erinnerung an Termine.

1248) Für Recall ist eine Einverständniserklärung erforderlich.

1249) Patient-Care-Calls erkundigen sich nach dem Wohlbefinden.

1250) Patient-Care-Calls enthalten direkte medizinische Inhalte.

1251) Die Minimierung von Wartezeiten trägt zur Patientenbindung bei.

1252) Arbeitsklima beschreibt, wie die Zusammenarbeit im Team erlebt wird.

1253) Regelmäßige Teamsitzungen beeinflussen das Arbeitsklima positiv.

1254) Mobbing ist kollektives, absichtliches Schikanieren einzelner Mitarbeitender.

1255) Mobbing kann zu schweren gesundheitlichen Problemen führen.

1256) Work-Life-Balance beschreibt das Gleichgewicht zwischen Arbeit und Freizeit.

1257) Burnout ist ein Erschöpfungszustand durch chronische Überlastung.

1258) Mobbing-Prävention ist in der Arbeitswelt nicht notwendig.

Kommunikation und Datenschutz

Dieses Kapitel behandelt alle Formen der Kommunikation in der modernen Praxis. Du testest dein Wissen zu mündlichen und schriftlichen Kommunikationsformen, dem Postwesen und der Dokumentation. IT-Systeme, Datenschutz, Aufbewahrungsfristen und die korrekte Datenordnung stehen ebenso im Fokus wie moderne Kommunikationsmittel.

Richtig oder falsch?

1259) Mündlicher Informationsaustausch erfolgt persönlich oder telefonisch.

1260) Persönliche Kommunikation umfasst verbale und nonverbale Kommunikation wie Gestik und Mimik.

1261) Telefonische Kommunikation eignet sich für Terminvergabe und kurze Rückfragen.

1262) Briefe sind schneller als E-Mails bei der Übermittlung von Dokumenten.

1263) Faxe ermöglichen schnelle und dokumentenechte Übermittlung.

1264) Social Media sind für medizinisch-vertrauliche Inhalte geeignet.

1265) Fachbücher bieten zuverlässige Informationen, sind aber nicht immer auf dem neuesten Stand.

1266) Fachzeitschriften enthalten berufsspezifische, zuverlässige und aktuelle Informationen.

1267) Tageszeitungen informieren über Politik, Weltgeschehen und regionale Nachrichten.

1268) Alle Informationen im Internet sind grundsätzlich zuverlässig und korrekt.

1269) Privatpost oder als persönlich gekennzeichnete Sendungen dürfen ungeöffnet an den Empfänger weitergegeben werden.

1270) Post mit der Bezeichnung „Praxis XY" oder „z. Hd." darf vom Praxispersonal geöffnet werden.

1271) Bei infektiösem Material oder Verdacht darauf darf die Probe nicht per Post versendet werden.

1272) Probenbehälter müssen stoß- und bruchsicher sowie flüssigkeitsdicht sein.

1273) Alle Proben können in normalen Briefumschlägen versendet werden.

1274) Dokumentation dient der Aufzeichnungspflicht, aktuellen Informationen und Leistungsabrechnung.

1275) Stammdaten sind langfristig gleichbleibende Daten wie Personalien und Versicherungsnummer.

1276)	Bewegliche Daten sind kurzfristig veränderliche Daten wie Beschwerden und Laborbefunde.
1277)	AU-Bescheinigungen und Überweisungen müssen 1 Jahr aufbewahrt werden.
1278)	Röntgenbilder müssen nur 5 Jahre aufbewahrt werden.
1279)	Hardware umfasst alle anfassbaren IT-Bestandteile nach dem EVA-Prinzip.
1280)	Software umfasst nicht greifbare Programme wie Betriebssysteme und Anwendersoftware.
1281)	Die Telematikinfrastruktur dient der sicheren Vernetzung im Gesundheitswesen mit der elektronischen Patientenakte als zentralem Element.

Materialwirtschaft

Hier wird dein Wissen über die professionelle Beschaffung und Lagerhaltung in der Arztpraxis getestet. Die Aussagen prüfen deine Kenntnisse zu Lagerhaltung, Angebotsvergleiche und Bestellprozesse sowie die rechtlichen Aspekte von Kaufverträgen. Warenannahme, Mängelrüge und verschiedene Verzugsarten werden ebenso abgefragt wie die Grundlagen erfolgreicher Lieferantenbeziehungen.

Richtig oder falsch?

1282)	Vorratshaltung sollte nach dem Prinzip „so viel wie nötig, so wenig wie möglich" erfolgen.
1283)	Bei der Lagerung muss auf besondere Anforderungen wie Kühlung oder Dunkelheit geachtet werden.
1284)	Bestands- und Bestellmenge hängen vom Verbrauch und der Haltbarkeit ab.
1285)	Bestandskontrolle sollte regelmäßig auf Menge und Zustand erfolgen.

1286) Das Verfallsdatum von Medikamenten und Sterilgut muss bei der Bestandskontrolle beachtet werden.

1287) Eine Bestandskartei erfasst auch Zu- und Abgänge.

1288) Regelmäßige Inventur hilft bei der Fehlmengenerfassung.

1289) Alle Materialien können ohne besondere Lagerungsanforderungen aufbewahrt werden.

1290) Angebote können allgemein durch Broschüren oder speziell für bestimmte Produkte eingeholt werden.

1291) Angebote sind grundsätzlich unverbindlich für den Lieferanten.

1292) Der Angebotsvergleich berücksichtigt quantitative und qualitative Kriterien.

1293) Quantitative Kriterien zielen auf den Preis ab.

1294) Rabatte können bei Mengenabnahme oder Barzahlung gewährt werden.

1295) Qualitative Kriterien zielen auf die Qualität von Ware und Lieferant ab.

1296) Bei der Kaufentscheidung sollte nur der reine Preis beachtet werden.

1297) Risikostreuung durch Haupt- und Ersatzlieferanten ist empfehlenswert.

1298) Bestellungen sind generell verbindlich.

1299) Bei Rücktritt von Bestellungen können Stornokosten anfallen.

1300) Alle Bestellungen müssen schriftlich erfolgen.

1301) Ein Kaufvertrag kommt durch Angebot und Annahme zustande.

1302) Kaufverträge sind oft alltäglich und vielgestaltig.

1303) Lieferkosten trägt in der Regel der Käufer, wenn nicht anders vereinbart.

1304) Das Einsteigen in ein Taxi ist ein Beispiel für einen alltäglichen Kaufvertrag.

1305) Bei Beschädigung kann die Annahme verweigert werden.

1306) Beim Entpacken muss der Inhalt mit dem Lieferschein abgeglichen werden.

1307) Der Lieferschein muss nach der Warenannahme archiviert werden.

1308) Eine Prüfung der Ware bei der Annahme ist nicht erforderlich.

1309) Mangelhafte Lieferung liegt vor, wenn die Ware nicht wie vereinbart geliefert wird.

1310) Die Haftung bei Privatkunden beträgt zwei Jahre auf Neuware.

1311) Käufer haben zunächst Anspruch auf Nacherfüllung.

1312) Anfallende Kosten bei Mängeln trägt grundsätzlich der Käufer.

1313) Bei der Mängelrüge müssen Sendungsangaben wie Auftrags- und Bestellnummer angegeben werden.

1314) Eine detaillierte Mängelbeschreibung ist erforderlich.

1315) Es sollte eine Frist für die Abhilfe angegeben werden.

1316) Mängelrügen folgen der DIN 5008 für Geschäftsbriefe.

1317) Mängelrügen können in beliebiger Form und ohne Frist gestellt werden.

1318) Lieferverzug liegt vor, wenn die Ware nicht zum vereinbarten Termin kommt.

1319) Bei Lieferverzug können Käufer eine Nachfrist setzen.

1320) Bei Zahlungsverzug sind drei schriftliche Mahnungen üblich.

1321) Das außergerichtliche Mahnverfahren kann an Inkassogesellschaften abgegeben werden.

1322)	Bei Nichtreaktion auf Mahnungen erfolgt automatisch die Zwangsvollstreckung.
1323)	Verzugszinsen können bei Zahlungsverzug eingefordert werden.
1324)	Das gerichtliche Mahnverfahren erfolgt über das zuständige Amtsgericht.
1325)	Alle Verzugsarten haben die gleichen rechtlichen Konsequenzen.

Praxisabrechnung

Dieses Kapitel behandelt alle finanziellen Aspekte im beruflichen und privaten Umfeld. Du testest dein Wissen zu verschiedenen Zahlungsarten, Bankgeschäften und Kreditformen. Sparformen, Zinsenberechnungen und der Umgang mit Schulden bis hin zur Privatinsolvenz werden behandelt.

Richtig oder falsch?

1326)	Zahlarten gliedern sich in bar, halbbar und unbar/bargeldlos.
1327)	Scheine und Münzen gehören zu den baren Zahlarten.
1328)	Zahlschein und Barscheck gehören zu den halbbaren Zahlarten.
1329)	Überweisung und Kartenzahlung gehören zu den unbaren Zahlarten.
1330)	Lastschriftverfahren ist eine bargeldlose Zahlart.
1331)	Onlinebezahlsysteme wie PayPal sind unbare Zahlarten.
1332)	Barscheck wird bar an den Einlöser ausgezahlt.
1333)	Verrechnungsscheck muss vermerkt sein und wird dem Überbringer gutgeschrieben.
1334)	Gültigkeitsdauer für Schecks in Deutschland beträgt acht Tage.

1335) In Europa und Mittelmeerstaaten beträgt die Scheckgültigkeit 20 Tage.

1336) Weltweit gilt für Schecks eine Gültigkeitsdauer von 70 Tagen.

1337) Alle Schecks haben weltweit die gleiche Gültigkeitsdauer.

1338) Girokonto dient der Zahlungsabwicklung.

1339) Sparkonto ist eine Form des Bankkontos.

1340) Standardüberweisung dient für einzelne Rechnungen.

1341) Terminüberweisung hat einen bestimmten Zahlungstermin.

1342) Dauerauftrag eignet sich für regelmäßige, gleichbleibende Rechnungen.

1343) Lastschriftverkehr erfolgt durch Einzugsermächtigung oder Abbuchungsauftrag.

1344) Girocard war früher als ec-Karte bekannt.

1345) POS steht für Point of Sale mit Zahlungsgarantie.

1346) POZ bedeutet Point of Sale ohne Zahlungsgarantie.

1347) Geldkarte kann für kleine Beträge am Geldautomaten aufgeladen werden.

1348) Kreditkarten werden täglich vom Konto abgebucht.

1349) Kreditkarten sind meist weltweit einsetzbar.

1350) Alle Zahlarten bieten die gleiche Sicherheit.

1351) Dispositionskredit ist eine Kontoüberziehung.

1352) Dispokredit geht meist bis zum 3-fachen Monatsgehalt.

1353) Dispositionskredit hat sehr hohe Zinsbelastung.

1354) Hypothek ist ein Kredit auf Immobilien.

1355) Hypotheken haben meist größere Summen und lange Laufzeiten.

1356) Hypotheken haben relativ niedrige Zinsen.

1357) Für Kredite gibt es ein 14-tägiges Widerrufsrecht.

1358) Kreditverträge müssen immer schriftlich sein.

1359) Effektivzins ist teurer als der reine Nominalzins.

1360) Bei Krediten fallen nur die reinen Zinsen an.

1361) Privatinsolvenz kann bei nicht tragbaren Schulden beantragt werden.

1362) Schuldnerberatung kann vor Privatinsolvenz helfen.

1363) Alle Kredite haben die gleichen Konditionen.

1364) Die Auswahl der Sparformen richtet sich nach Zweck, Ertrag, Risiko und Verfügbarkeit.

1365) Hoher Ertrag bedeutet hohes Risiko.

1366) Lange Laufzeiten eignen sich für planbare, langfristige Ziele.

1367) Girokonto ist schnell verfügbar, hat aber fast keine Verzinsung.

1368) Sparbuch eignet sich für kurzfristige Anschaffungen als „Notgroschen“.

1369) Tagesgeldkonto ermöglicht schnelle Verfügbarkeit kleinerer Beträge.

1370) Festgeld bietet bessere Verzinsung, ist aber nicht sofort verfügbar.

1371) Sparverträge sind VL-gefördert.

1372) Bausparverträge sind staatlich gefördert.

1373) Bausparverträge bieten günstige Darlehen für Immobilien.

1374) Aktien bieten schnelle und hohe Gewinnmöglichkeiten.

1375) Aktien haben hohes Verlustrisiko.

1376) Fonds bieten Risikoverteilung bei Aktieninvestments.

1377) Alle Sparformen haben das gleiche Risiko.

1378) Hohe Erträge sind immer als Vorsorge geeignet.

1379)	Zinsen fallen sowohl auf Guthaben als auch auf Kredite an.
1380)	Zinsen sind der Prozentanteil für den eingesetzten Betrag.
1381)	Die Zinsformel berücksichtigt Kapital, Zinssatz und Laufzeit.
1382)	Monatliche Zinsen werden durch 100 mal 12 geteilt.
1383)	Zinsen sind nur bei Krediten relevant.
1384)	Die Zinsberechnung ist für alle Produkte gleich.

Innenpolitik Deutschland

Hier wird dein Wissen über das politische System der Bundesrepublik Deutschland getestet. Die Aussagen prüfen deine Kenntnisse zum geschichtlichen Überblick, den Staatsaufbau mit seinen Institutionen und die Gesetzgebung. Wichtige Begriffe wie Gewaltenteilung, Demokratie und Grundrechte werden ebenso abgefragt wie die Funktionen von Bundestag, Bundesrat und Bundesregierung.

Richtig oder falsch?

1385)	Die Weimarer Republik dauerte von 1919 bis 1933.
1386)	Das Dritte Reich war eine Demokratie.
1387)	Der Kalte Krieg war ein direkter militärischer Konflikt zwischen USA und UdSSR.
1388)	Die DDR existierte von 1949 bis 1990.
1389)	Deutschland wurde 1945 wiedervereinigt.
1390)	Der Erste Weltkrieg begann im Jahr 1914.
1391)	Der Zweite Weltkrieg endete im Jahr 1945.
1392)	Die deutsche Wiedervereinigung fand 1989 statt.
1393)	Die BRD ist ein föderaler Staat mit mehreren Bundesländern.

1394) In der BRD herrscht Monarchie.

1395) Ein wesentliches Merkmal der Demokratie ist die Gewaltenteilung.

1396) In der BRD gibt es nur eine zugelassene Partei.

1397) Der Sozialstaat ist ein konstituierendes Merkmal der BRD.

1398) Die Bürger der BRD wählen ihre Vertreter direkt.

1399) Die BRD ist ausschließlich ein Rechtsstaat.

1400) Volkssouveränität bedeutet, dass die Bürger wählen.

1401) Der Bundestag besteht aus gewählten Volksvertretern.

1402) Die Legislaturperiode des Bundestags beträgt sechs Jahre.

1403) Der Bundestag wählt den Bundeskanzler oder die Bundeskanzlerin.

1404) Der Bundeskanzler kann nur einmal wiedergewählt werden.

1405) Der Bundeskanzler legt die Richtlinien der Politik fest.

1406) Im Kriegsfall hat der Kanzler den Oberbefehl.

1407) Der Bundespräsident wird vom Bundestag gewählt.

1408) Die Amtszeit des Bundespräsidenten beträgt fünf Jahre.

1409) Der Bundespräsident darf nur einmal gewählt werden.

1410) Der Bundespräsident hat vor allem repräsentative Aufgaben.

1411) Der Bundesrat ist die Vertretung der Bundesregierung.

1412) Der Bundesrat besteht aus Vertretern der Landesregierungen.

1413) Der Bundesrat muss allen Gesetzen zustimmen.

1414) Der Bundestag hat 598 Sitze plus Überhangmandate.

1415) Der Bundeskanzler wählt die Minister aus.

1416) Gesetze werden ausschließlich vom Bundeskanzler beschlossen.

1417) Der Bundestag ist maßgeblich an der Gesetzgebung beteiligt.

1418) Der Bundesrat kann bestimmten Gesetzen widersprechen.

1419) Jedes Gesetz muss vom Bundespräsidenten unterzeichnet werden.

1420) Bürger können direkt Gesetze im Bundestag einbringen.

1421) Die Bundesregierung kann Gesetzesinitiativen starten.

1422) Nach Verabschiedung im Bundestag tritt ein Gesetz automatisch in Kraft.

1423) Die Gewaltenteilung umfasst Legislative, Exekutive und Judikative.

1424) Das Grundgesetz ist die Bezeichnung für die deutsche Verfassung.

1425) Gleichheitsrechte beinhalten das Recht auf unterschiedliche Wahlrechte für Männer und Frauen.

1426) Die Meinungsfreiheit zählt zu den Freiheitsrechten.

1427) Bei der Verhältniswahl zählt nur die Mehrheit der Erststimmen.

1428) Das Kabinett besteht aus dem Bundeskanzler und den Ministern.

1429) Wahlen finden ausschließlich auf Bundesebene statt.

1430) Die Opposition besteht aus Parteien, die nicht die Regierung stellen.

Europäische Union

Dieses Kapitel behandelt die europäische Integration und EU-Politik. Du testest dein Wissen zur Geschichte der Europäischen Union, dem EU-Binnenmarkt mit seinen Vor- und Nachteilen sowie den wichtigsten EU-Institutionen.

Richtig oder falsch?

1431) Die Montanunion wurde 1951 gegründet.

1432) Der Vertrag von Maastricht war Grundlage für den Binnenmarkt und die Euro-Einführung.

1433) Großbritannien war eines der sechs Gründungsmitglieder der EU.

1434) Der Euro wurde 2002 auch als Bargeld eingeführt.

1435) Kroatien ist 2013 der Europäischen Union beigetreten.

1436) Die EWG wurde direkt aus der NATO entwickelt.

1437) Der Brexit bezeichnet den Austritt Großbritanniens aus der EU im Jahr 2020.

1438) EURATOM und EWG wurden beide 1957 gegründet.

1439) Der 9. Mai ist als Europatag festgelegt.

1440) Der EU-Binnenmarkt ermöglicht freies Reisen innerhalb der Mitgliedsstaaten.

1441) Der Binnenmarkt schränkt den Warenverkehr zwischen den EU-Staaten stark ein.

1442) Ein Vorteil des Binnenmarkts ist die Erweiterung der Arbeitsmöglichkeiten in Europa.

1443) Unternehmen profitieren im Binnenmarkt durch die Möglichkeit zur Expansion.

1444) Einer der Nachteile ist die Gefahr von Lohndumping.

1445) Die Produktvielfalt nimmt im Binnenmarkt in der Regel ab.

1446) Der Binnenmarkt führt automatisch zu besserer Produktqualität.

1447) Die Europäische Kommission bereitet Gesetzesentwürfe auf EU-Ebene vor.

1448) Das EU-Parlament wird direkt von den Bürgern der EU gewählt.

1449)	Die Legislaturperiode des EU-Parlaments beträgt zwei Jahre.
1450)	Der Europäische Gerichtshof hat seinen Sitz in Luxemburg.
1451)	Der Europäische Gerichtshof ist die gesetzgebende Instanz der EU.
1452)	Das EU-Parlament kontrolliert sowohl den Rat als auch die Kommission.
1453)	Die Europäische Kommission besteht aus über 100 Mitgliedern.

Internationale Politik

Hier wird dein Wissen über wichtige internationale Organisationen und ihre Funktionen getestet.

Richtig oder falsch?

1454)	Die UNO wurde 1945 gegründet.
1455)	Der Sitz der Vereinten Nationen befindet sich in New York.
1456)	Der Sicherheitsrat der UNO kann Sanktionen verhängen.
1457)	Der Internationale Gerichtshof hat seinen Sitz in Brüssel.
1458)	Antonio Guterres ist Generalsekretär der Vereinten Nationen.
1459)	UNICEF ist eine Nebenorganisation der UNO.
1460)	Die WHO ist für internationale Gesundheitsprogramme und Seuchenkontrolle zuständig.
1461)	Die UNO hat weltweit 193 Mitgliedstaaten.
1462)	Die NATO wurde 1949 gegründet.
1463)	Der Sitz der NATO befindet sich in New York.

1464) Die NATO hatte ursprünglich zwölf Mitglieder.

1465) Die NATO hat derzeit 32 Mitglieder.

1466) Die NATO beschränkt sich ausschließlich auf Verteidigungsaufgaben.

Aktuelle gesellschaftliche Themen

Dieses Kapitel behandelt aktuelle gesellschaftliche und politische Herausforderungen. Du testest dein Wissen zu demografischem und gesellschaftlichem Wandel, Wirtschaftsstandort Deutschland und internationalen Krisen.

Richtig oder falsch?

1467) Der demografische Wandel führt zu mehr Rentnern und weniger Einzahlern.

1468) Die längere Lebenserwartung führt zu höheren Ausgaben im Gesundheitswesen.

1469) Der gesellschaftliche Wandel zeigt sich unter anderem in mehr Single-Haushalten.

1470) Die „elektronische Welt" ist ein Aspekt des gesellschaftlichen Wandels.

1471) Die Sicherung des Wirtschaftsstandorts Deutschland ist eine nationale Herausforderung.

1472) Deutschland steht in Konkurrenz zu Billiglohnländern.

1473) Migration ist ein Aspekt des gesellschaftlichen Wandels.

1474) Die Flüchtlingskrise ist keine nationale Herausforderung.

1475) Kleinfamilien nehmen in Deutschland ab.

1476) Globalisierung beeinflusst die deutsche Wirtschaft.

1477) Die Eurokrise entsteht durch Überschuldung einiger Euroländer.

1478) Die Eurokrise kann zu Inflation führen.

1479) Die Eurokrise belastet die Steuerzahler.

1480) Der Arabische Frühling führte zu Unruhen in der arabischen Welt.

1481) Islamistische Gruppierungen sind im Nahen Osten erstarkt.

1482) Der Bürgerkrieg in Syrien ist eine internationale Herausforderung.

1483) Terroranschläge finden nur im Ausland statt.

1484) NATO-Einsätze sind eine Reaktion auf Terrorgefahr.

1485) Blauhelm-Einsätze sind eine Reaktion auf internationale Konflikte.

1486) Erdölreserven werden knapper.

1487) Energieverteuerung ist keine Herausforderung der Rohstoffsicherung.

1488) Klimaveränderungen können große Zerstörungen verursachen.

1489) Klimaveränderungen haben wirtschaftliche Folgen.

1490) Ernteausfälle können durch Klimaveränderungen entstehen.

1491) Cybersicherheit ist eine Herausforderung des 21. Jahrhunderts.

1492) Die Corona-Pandemie dauerte von März 2020 bis April 2023.

1493) Während der Corona-Pandemie gab es keine Einschränkungen der Grundrechte.

1494) Lockdowns waren Teil der Pandemiebekämpfung.

1495) Konflikte in der Ukraine sind eine aktuelle Herausforderung.

1496) Konflikte in Israel sind eine aktuelle Herausforderung.

1497) Steigende Migrationszahlen sind eine Folge der Eurokrise.

1498) Klimawandel hat keine Auswirkungen auf die Wirtschaft.

1499) Terroranschläge finden sowohl im Inland als auch weltweit statt.

1500) Die Corona-Pandemie führte zu weltweiten Lockdowns.

Antwortschlüssel

R = Richtig, F = Falsch

1) R	26) F	51) R	76) R	101) F	126) R
2) F	27) R	52) F	77) R	102) R	127) F
3) R	28) F	53) R	78) R	103) R	128) R
4) R	29) R	54) R	79) F	104) F	129) R
5) R	30) R	55) R	80) R	105) R	130) F
6) R	31) R	56) R	81) R	106) R	131) R
7) F	32) R	57) R	82) F	107) R	132) F
8) R	33) R	58) R	83) R	108) F	133) R
9) R	34) R	59) R	84) R	109) R	134) R
10) R	35) F	60) R	85) R	110) R	135) R
11) R	36) R	61) F	86) R	111) R	136) F
12) R	37) R	62) R	87) R	112) R	137) R
13) R	38) R	63) R	88) R	113) R	138) F
14) F	39) R	64) R	89) R	114) F	139) R
15) R	40) R	65) R	90) R	115) R	140) R
16) F	41) R	66) R	91) R	116) R	141) R
17) R	42) R	67) F	92) R	117) F	142) F
18) F	43) F	68) R	93) F	118) R	143) R
19) R	44) F	69) F	94) R	119) R	144) R
20) R	45) R	70) R	95) R	120) R	145) R
21) R	46) R	71) R	96) R	121) R	146) F
22) R	47) R	72) R	97) F	122) R	147) R
23) F	48) R	73) R	98) R	123) R	148) R
24) R	49) F	74) R	99) R	124) R	149) R
25) R	50) F	75) R	100) R	125) R	150) R

151) F	182) R	213) R	244) R	275) R	306) R
152) R	183) R	214) F	245) R	276) R	307) F
153) F	184) R	215) R	246) R	277) R	308) R
154) R	185) R	216) R	247) R	278) R	309) R
155) R	186) R	217) R	248) R	279) R	310) R
156) R	187) R	218) R	249) R	280) R	311) R
157) R	188) F	219) R	250) R	281) R	312) R
158) R	189) R	220) R	251) R	282) R	313) R
159) F	190) F	221) R	252) R	283) F	314) F
160) R	191) R	222) R	253) R	284) R	315) R
161) R	192) R	223) R	254) F	285) R	316) R
162) R	193) R	224) F	255) R	286) R	317) R
163) F	194) R	225) R	256) F	287) R	318) R
164) R	195) R	226) R	257) R	288) R	319) R
165) R	196) R	227) R	258) R	289) R	320) R
166) R	197) R	228) R	259) R	290) R	321) R
167) R	198) F	229) R	260) R	291) F	322) F
168) R	199) R	230) R	261) F	292) R	323) R
169) R	200) R	231) R	262) R	293) R	324) R
170) R	201) R	232) R	263) R	294) R	325) R
171) R	202) R	233) R	264) R	295) R	326) R
172) R	203) F	234) R	265) R	296) R	327) R
173) R	204) R	235) R	266) R	297) R	328) R
174) F	205) R	236) R	267) R	298) F	329) F
175) R	206) R	237) R	268) R	299) R	330) R
176) R	207) R	238) R	269) F	300) R	331) R
177) R	208) R	239) R	270) R	301) R	332) F
178) R	209) R	240) R	271) R	302) R	333) R
179) R	210) R	241) R	272) R	303) F	334) R
180) F	211) R	242) R	273) R	304) R	335) R
181) R	212) R	243) R	274) R	305) R	336) R

337) R	368) R	399) R	430) R	461) R	492) R
338) R	369) F	400) R	431) R	462) R	493) R
339) R	370) R	401) R	432) R	463) R	494) R
340) F	371) R	402) R	433) R	464) R	495) R
341) R	372) R	403) R	434) R	465) R	496) F
342) R	373) R	404) R	435) F	466) F	497) R
343) F	374) R	405) F	436) R	467) R	498) R
344) R	375) F	406) R	437) R	468) F	499) R
345) R	376) R	407) R	438) R	469) R	500) R
346) R	377) R	408) R	439) R	470) R	501) R
347) R	378) R	409) R	440) F	471) R	502) R
348) R	379) F	410) R	441) R	472) F	503) R
349) F	380) R	411) F	442) F	473) F	504) F
350) R	381) R	412) R	443) R	474) R	505) R
351) R	382) R	413) R	444) R	475) R	506) F
352) R	383) F	414) F	445) R	476) R	507) R
353) R	384) R	415) R	446) F	477) R	508) R
354) R	385) F	416) R	447) R	478) R	509) R
355) R	386) R	417) R	448) R	479) F	510) R
356) R	387) R	418) R	449) R	480) R	511) R
357) R	388) R	419) F	450) R	481) R	512) F
358) R	389) R	420) R	451) F	482) R	513) R
359) F	390) F	421) R	452) R	483) R	514) R
360) R	391) R	422) R	453) R	484) R	515) F
361) R	392) F	423) R	454) R	485) R	516) R
362) R	393) R	424) R	455) R	486) R	517) R
363) R	394) R	425) F	456) R	487) F	518) R
364) R	395) F	426) R	457) R	488) R	519) R
365) R	396) R	427) R	458) F	489) R	520) F
366) R	397) R	428) R	459) R	490) R	521) R
367) R	398) F	429) F	460) F	491) R	522) R

523) R	554) R	585) R	616) R	647) R	678) F
524) R	555) R	586) R	617) R	648) R	679) R
525) F	556) R	587) F	618) R	649) F	680) F
526) R	557) R	588) R	619) R	650) F	681) F
527) R	558) R	589) F	620) F	651) R	682) R
528) F	559) F	590) R	621) R	652) F	683) F
529) R	560) R	591) R	622) F	653) R	684) R
530) R	561) R	592) R	623) R	654) R	685) R
531) R	562) R	593) R	624) R	655) R	686) F
532) R	563) F	594) R	625) R	656) R	687) R
533) R	564) R	595) R	626) R	657) F	688) R
534) F	565) R	596) R	627) R	658) R	689) F
535) R	566) R	597) R	628) F	659) F	690) R
536) R	567) R	598) F	629) R	660) R	691) F
537) R	568) R	599) R	630) R	661) R	692) R
538) F	569) R	600) R	631) F	662) R	693) F
539) R	570) F	601) R	632) F	663) F	694) R
540) F	571) R	602) R	633) R	664) R	695) F
541) R	572) R	603) R	634) R	665) R	696) R
542) R	573) R	604) R	635) R	666) F	697) F
543) R	574) R	605) F	636) F	667) R	698) R
544) F	575) R	606) R	637) R	668) R	699) F
545) F	576) R	607) R	638) F	669) F	700) R
546) R	577) R	608) R	639) R	670) R	701) F
547) R	578) R	609) R	640) F	671) F	702) R
548) R	579) F	610) R	641) R	672) R	703) F
549) R	580) R	611) R	642) F	673) F	704) R
550) R	581) R	612) R	643) R	674) R	705) F
551) R	582) R	613) R	644) F	675) F	706) R
552) R	583) R	614) R	645) R	676) R	707) F
553) R	584) R	615) F	646) R	677) R	708) F

709) R	740) R	771) R	802) R	833) R	864) R
710) F	741) R	772) F	803) F	834) R	865) R
711) F	742) R	773) R	804) R	835) F	866) F
712) F	743) R	774) F	805) R	836) R	867) R
713) R	744) F	775) F	806) R	837) R	868) R
714) F	745) R	776) R	807) F	838) F	869) R
715) R	746) F	777) R	808) R	839) R	870) R
716) R	747) R	778) R	809) F	840) F	871) R
717) F	748) F	779) R	810) F	841) R	872) F
718) F	749) R	780) F	811) R	842) R	873) R
719) R	750) R	781) R	812) R	843) R	874) R
720) R	751) F	782) R	813) R	844) F	875) R
721) R	752) R	783) R	814) R	845) R	876) R
722) R	753) F	784) R	815) R	846) R	877) F
723) F	754) R	785) R	816) R	847) R	878) R
724) R	755) F	786) F	817) R	848) R	879) R
725) F	756) R	787) R	818) R	849) F	880) R
726) R	757) R	788) R	819) R	850) F	881) F
727) R	758) R	789) R	820) F	851) R	882) F
728) R	759) R	790) R	821) R	852) R	883) R
729) R	760) R	791) R	822) F	853) R	884) F
730) F	761) F	792) R	823) R	854) F	885) R
731) R	762) R	793) R	824) R	855) R	886) F
732) F	763) R	794) R	825) R	856) R	887) R
733) R	764) R	795) R	826) F	857) F	888) F
734) R	765) F	796) R	827) R	858) F	889) R
735) R	766) R	797) R	828) F	859) R	890) F
736) F	767) F	798) F	829) R	860) R	891) R
737) R	768) R	799) R	830) R	861) R	892) F
738) F	769) R	800) R	831) R	862) F	893) R
739) F	770) R	801) F	832) F	863) F	894) F

895) R	926) R	957) F	988) R	1019) R	1050) R
896) R	927) F	958) F	989) R	1020) R	1051) R
897) R	928) R	959) R	990) F	1021) F	1052) R
898) R	929) F	960) F	991) R	1022) F	1053) R
899) R	930) R	961) R	992) R	1023) R	1054) F
900) R	931) R	962) F	993) F	1024) R	1055) F
901) F	932) R	963) R	994) R	1025) F	1056) F
902) R	933) R	964) R	995) R	1026) F	1057) F
903) F	934) F	965) F	996) R	1027) R	1058) F
904) R	935) R	966) F	997) F	1028) F	1059) F
905) F	936) R	967) F	998) F	1029) R	1060) F
906) R	937) R	968) F	999) R	1030) R	1061) F
907) F	938) R	969) R	1000) F	1031) R	1062) F
908) R	939) F	970) R	1001) F	1032) F	1063) F
909) F	940) R	971) R	1002) R	1033) R	1064) R
910) R	941) R	972) F	1003) F	1034) R	1065) F
911) R	942) F	973) F	1004) R	1035) R	1066) R
912) R	943) R	974) R	1005) F	1036) R	1067) R
913) F	944) R	975) F	1006) R	1037) R	1068) R
914) R	945) R	976) F	1007) F	1038) F	1069) F
915) F	946) F	977) R	1008) R	1039) R	1070) F
916) R	947) F	978) F	1009) F	1040) R	1071) F
917) F	948) R	979) R	1010) R	1041) R	1072) R
918) R	949) F	980) R	1011) F	1042) R	1073) R
919) R	950) F	981) R	1012) R	1043) R	1074) F
920) F	951) R	982) F	1013) F	1044) F	1075) R
921) R	952) R	983) F	1014) F	1045) R	1076) F
922) F	953) F	984) R	1015) R	1046) R	1077) F
923) R	954) R	985) R	1016) F	1047) R	1078) R
924) R	955) R	986) R	1017) R	1048) F	1079) F
925) R	956) R	987) R	1018) F	1049) R	1080) R

1081) R	1112) F	1143) R	1174) R	1205) R	1236) R
1082) R	1113) F	1144) F	1175) F	1206) F	1237) R
1083) F	1114) F	1145) R	1176) R	1207) R	1238) R
1084) R	1115) R	1146) F	1177) F	1208) R	1239) R
1085) F	1116) F	1147) R	1178) R	1209) R	1240) F
1086) R	1117) F	1148) F	1179) R	1210) R	1241) R
1087) R	1118) F	1149) R	1180) R	1211) R	1242) R
1088) F	1119) R	1150) R	1181) R	1212) F	1243) R
1089) F	1120) R	1151) R	1182) F	1213) R	1244) R
1090) R	1121) F	1152) R	1183) R	1214) R	1245) F
1091) F	1122) F	1153) R	1184) F	1215) R	1246) R
1092) F	1123) F	1154) R	1185) R	1216) R	1247) R
1093) R	1124) F	1155) F	1186) R	1217) R	1248) R
1094) R	1125) R	1156) F	1187) R	1218) R	1249) R
1095) F	1126) F	1157) R	1188) R	1219) R	1250) F
1096) R	1127) R	1158) F	1189) R	1220) R	1251) R
1097) R	1128) R	1159) R	1190) F	1221) R	1252) R
1098) F	1129) F	1160) F	1191) R	1222) R	1253) R
1099) F	1130) R	1161) R	1192) R	1223) R	1254) R
1100) F	1131) F	1162) R	1193) R	1224) R	1255) R
1101) F	1132) R	1163) F	1194) R	1225) R	1256) R
1102) F	1133) F	1164) R	1195) R	1226) R	1257) R
1103) R	1134) R	1165) R	1196) F	1227) F	1258) F
1104) R	1135) F	1166) R	1197) R	1228) F	1259) R
1105) R	1136) R	1167) R	1198) R	1229) R	1260) R
1106) F	1137) R	1168) R	1199) R	1230) R	1261) R
1107) F	1138) R	1169) R	1200) R	1231) R	1262) F
1108) R	1139) R	1170) R	1201) R	1232) R	1263) R
1109) F	1140) R	1171) R	1202) R	1233) F	1264) F
1110) F	1141) F	1172) R	1203) R	1234) R	1265) R
1111) R	1142) R	1173) F	1204) F	1235) R	1266) R

1267) R	1298) R	1329) R	1360) F	1391) R	1422) F
1268) F	1299) R	1330) R	1361) R	1392) F	1423) R
1269) R	1300) F	1331) R	1362) R	1393) R	1424) R
1270) R	1301) R	1332) R	1363) F	1394) F	1425) F
1271) R	1302) R	1333) R	1364) R	1395) R	1426) R
1272) R	1303) R	1334) R	1365) R	1396) F	1427) F
1273) F	1304) R	1335) R	1366) R	1397) R	1428) R
1274) R	1305) R	1336) R	1367) R	1398) R	1429) F
1275) R	1306) R	1337) F	1368) R	1399) F	1430) R
1276) R	1307) R	1338) R	1369) R	1400) R	1431) R
1277) R	1308) F	1339) R	1370) R	1401) R	1432) R
1278) F	1309) R	1340) R	1371) R	1402) F	1433) F
1279) R	1310) R	1341) R	1372) R	1403) R	1434) R
1280) R	1311) R	1342) R	1373) R	1404) F	1435) R
1281) R	1312) F	1343) R	1374) R	1405) R	1436) F
1282) R	1313) R	1344) R	1375) R	1406) R	1437) R
1283) R	1314) R	1345) R	1376) R	1407) F	1438) R
1284) R	1315) R	1346) R	1377) F	1408) R	1439) R
1285) R	1316) R	1347) R	1378) F	1409) F	1440) R
1286) R	1317) F	1348) F	1379) R	1410) R	1441) F
1287) R	1318) R	1349) R	1380) R	1411) F	1442) R
1288) R	1319) R	1350) F	1381) R	1412) R	1443) R
1289) F	1320) R	1351) R	1382) R	1413) F	1444) R
1290) R	1321) R	1352) R	1383) F	1414) R	1445) F
1291) F	1322) F	1353) R	1384) F	1415) R	1446) F
1292) R	1323) R	1354) R	1385) R	1416) F	1447) R
1293) R	1324) R	1355) R	1386) F	1417) R	1448) R
1294) R	1325) F	1356) R	1387) F	1418) R	1449) F
1295) R	1326) R	1357) R	1388) R	1419) R	1450) R
1296) F	1327) R	1358) R	1389) F	1420) F	1451) F
1297) R	1328) R	1359) R	1390) R	1421) R	1452) R

1453) F	1461) R	1469) R	1477) R	1485) R	1493) F
1454) R	1462) R	1470) R	1478) R	1486) R	1494) R
1455) R	1463) F	1471) R	1479) R	1487) F	1495) R
1456) R	1464) R	1472) R	1480) R	1488) R	1496) R
1457) F	1465) R	1473) R	1481) R	1489) R	1497) R
1458) R	1466) F	1474) F	1482) R	1490) R	1498) F
1459) R	1467) R	1475) F	1483) F	1491) R	1499) R
1460) R	1468) R	1476) R	1484) R	1492) R	1500) R